U0129368

# 空　白

## 一個人的詩歌檔案

李　彬　著

文 史 哲 詩 叢

文史哲出版社印行

國家圖書館出版品預行編目資料

空白：一個人的詩歌檔案 ／ 李彬著. --
初版. -- 臺北市：文史哲出版社,民 111.07
面；　公分. --（文史哲詩叢；156）
ISBN 978-986-314-590-5（平裝）

851.487　　　　　　　　　　111001800

# 文 史 哲 詩 叢　156

# 空　　白
## 一個人的詩歌檔案

著　　　者：李　　　　　彬
出　版　者：文　史　哲　出　版　社
http://www.lapen.com.tw
e-mail：lapen@ms74.hinet.net
登記證字號：行政院新聞局版臺業字五三三七號
發　行　人：彭　　　正　　　雄
發　行　所：文　史　哲　出　版　社
印　刷　者：文　史　哲　出　版　社
臺北市羅斯福路一段七十二巷四號
郵政劃撥帳號：一六一八○一七五
電話 886-2-23511028 · 傳真 886-2-23965656

**實價新臺幣四八○元**

二○二二年（民國一一一）七月初版

空白

雪翁茅題

# 一個人的詩歌檔案

## 2016 ～ 2020

# 陳　序

## 段子手與詩人

陳培浩

　　鮮于忘機是我前同事。我和他接觸不多，但也不少。不多是交往的前半部，那時他給我的印象是：高、瘦、黑，蘇南口音，隨時都在講段子。還有就是，有一個漂亮的韓國裔妻子。一個學哲學的，在韓國念博士，回國教美學，順帶將韓國裔妻子也帶到中國來。很多同事知道了他的這段經歷，心裡免不了嘀咕：這人不簡單！接觸多起來是因為發現，他在寫詩。因為詩歌，內心多了一份親切感，交集也便多了一些。有一次，我請他給學生們講他自己的詩，他生生把一場詩歌分享會弄成段子大會。學生們前仰後合、樂不可支，對他喜歡得不得了；他則將一抹亦正亦邪的笑掛在嘴角，像一個說段子的世外高人。

　　忘機是一個放棄用力的人。所以，他絕不是儒家。相由心生，他那張臉就不儒家。但放棄用力不是隨波逐流，隨波逐流是被流俗所裹挾，而放棄用力則有某種自覺的選擇。按照世俗的眼光，他的人生大概是可以也應該往更高處走，有時彎下腰，有

時陪著笑，有時板著臉，就是以裝孫子為代價換取當老子的權力。在正經人眼中，這是正經人的正經道路，所謂功業便由此求。但他寧願講段子。我能察覺到，講段子是他的生理衝動。無論是休息室、行道旁還是飯桌上，任何一個突發的場景他都能從大腦的段子庫中調配出相應的段子來。天長地久有時盡，忘機段子無絕期。

我於是發現，講段子並非關乎技術，而是關乎生活觀、價值觀。當多少人用力、追求、崇拜時，段子手放棄、調侃和解構。惡俗的段子手把所有的原則立場轉化為哈哈一笑，但高超的段子手卻發現僵硬秩序中的漏洞，把有趣置於權力和利益之上。這是幽默與搞笑的區別。忘機是哪一類呢？他能搞笑，但底色卻是幽默的。我想，當他操著濃重的蘇南口音，在課堂上講美學時，聽得懂的學生恐怕是不多的。那時，他是寂寞的吧。可能正是這知識分子與段子手之間的張力和寂寞，成了他詩歌的土壤。他那麼熱切而高產地寫詩，可能，講段子是他面對人群時的生理需要；寫詩卻是他獨處時的生理需要。就像吃喝拉撒，他非寫不可。

我感興趣的是，這個時代熱衷於段子，但什麼樣的講段子的人卻熱衷於詩歌？這個時代最著名的段子手詩人可能就是李誕了。這個寫詩沒有突圍的年輕人，辦了一個講段子的綜藝節目而突圍了。詩歌下沉，段子上升折射了什麼？段子和詩歌雖然使用著相同的現代漢語，甚至它們就來自於同一作者，但它們不僅屬於兩種不同的語用範疇，有不同

的語言哲學，支撐它們的更是不同的社會文化。由此，我們甚至可以區分出一個詩歌社會和段子社會。詩歌社會是屬於前現代和現代的，段子社會卻是屬於後現代的。不是說前現代和現代社會沒有段子，後現代社會沒有詩歌，而是詩歌和段子各自所處的社會位置發生了巨大變化。前現代社會說學逗唱的只是伶人，後現代社會卻可以成為明星。

　　崇拜詩歌的社會，通常是集中型的社會。詩歌崇拜的社會有一種基本的預設：它相信世界有最偉大的秘密藏在語言中，只有少數天才者才得以靠近。詩被視為語言的皇冠，編制語言皇冠者，便是我們文化的心臟和奧秘的守護者。詩人由此被賦魅。李白為什麼那麼傲氣，天子呼來不上船，不是因為他個人桀驁不馴，而是因為背後有一種文化在為他撐腰。現代主義詩人同樣底氣十足，讀者不多不要緊，我的詩要獻給「無限的少數人」。因為現代社會裡面語言構造文明心臟的功能沒有喪失，詩人依然可以傲然地居於文化英雄的地位。只是在段子社會中，社會結構和語言功能已經重構，這個無深度的碎片化社會天然地拒絕深度的、整體的、崇高的、可思的語言。

　　詩是一種秩序化語言，或者說詩的成立有賴於一種等級化的語言體制，只有相信語言內部存在著優雅與粗鄙、偉大與低下、遼闊幽微與流於表面等區別，人類才需要立詩以盡聖言。這個「聖」的內涵不斷變化，但詩的存在無疑確認了這樣的信念：有一種「更……」的生活和倫理寄存於語言中，等

待詩的提煉。而段子顯然是一種平面化的語言，平面化並不意味著段子低難度，事實上好段子和好詩一樣令人絞盡腦汁、遍尋不得。平面化要說的是，段子根植於一種取消「更」的語言和文化，世無聖言甚至正言，需要藏身於「更」的深處，表像即深度，一切皆可付諸一笑，一切皆應戲謔以對。鄭重、中正、渺遠、思深慮遠在段子中皆不合時宜。段子獲得文化資本、成為文體流通中的硬通貨折射著我們時代的文化症候的悖論：一方面，我們的生活充滿種種新生的疑惑、困難和問題，現實召喚一種「更」的深度語言；但另一方面人們的生活又如此沉重，需要段子及其笑聲的拯救，遂匆忙地投身於語言和身心的泡沫化景觀中。

在碎片化時代的泡沫化景觀中，當一個趨時而行的段子手是輕鬆快樂無負擔的，可是，為何作為段子手的忘機卻又對詩歌朝斯暮斯，念茲在茲呢？從小裡說，這關涉於一個人的心靈結構；往大裡說，則關涉於我們如何理解詩歌在這個時代的意義。在碎片化的時代，我們為什麼還需要詩？既然很多詩並不能為大眾所讀懂，那它對大眾有什麼意義？在一個文化民主化的時代，大眾有權選擇自己的閱讀和愛好，詩註定要因大眾的疏遠而逐漸消亡。一種趨時的強勢的聲音如是說。

但是，T.S·艾略特可能會有不同的回答，大眾尚讀不懂的詩未必就跟大眾沒有關係。因為「詩總能傳達某種新的經驗或某種對熟悉事物的新的理解，或者表達某種我們經歷過但無法言傳的東西，

它們可以開拓我們的意識面，改善我們的感受性」。
艾略特甚至說：「詩人作為詩人對本民族只負有間接
義務；而對語言則負有直接義務，首先是維護、其
次是擴展和改進。在表現別人的感受的同時，他也
改變了這種感受，因為他使得人們對它的意識程度
提高了；詩人使得人們更加清楚地知覺到他們已經
感受到的東西，因而使得他們知道某些關於他們自
己的知識。但是詩人並不只是一個比別人更有意識
的人；他作為一個個人與別人也不同，與別的詩人
也不同。他能使讀者有意識地分享他們未曾有過的
經驗。這就是僅僅追求怪異的作家同真正的詩人之
間的差別。前者的感情可能獨特但無法讓人分享，
因此毫無用處；後者則開掘別人能夠利用的新的感
受方式。並且在表達它們的同時，詩人發展和豐富
了他所使用的語言。」艾略特的論斷擲地有聲：「詩
的最廣義的社會功能就是：詩確實能影響整個民族
的語言和感受性」。

　　換言之，雖然某些具體的人可能讀不懂詩，但
是一個民族的語言和感受性卻受到詩歌深入而微妙
的影響。因此，你可以不懂詩，但卻不能否定詩的
意義。很多人的眼裡只有眼前意識、當下意識，目
下時髦什麼就追逐什麼；卻沒有歷史意識和傳統意
識，殊不知時間一往無前，時代邏輯不斷重置，但
文化卻是累積的。假如只有逐新原則，每一個時期
都將過去推倒重來，那文化何以建設，文明何以確
立呢？

　　碎片化時代的詩這一命題其實蘊含著在時代

之變中如何堅持文學之常的理論命題。一方面，我們不能否認時代和科技推動下文學所面臨的巨變。這種變既是詩歌在社會場域中位置之變，也是詩歌從媒介到形式到審美的巨大轉型。但另一方面，我們在認識論上認識到變數，卻不意味著我們在價值論上必須站在趨時趨變的一邊。移動互聯網時代的到來使人們的時間碎片化，有感於大眾閱讀習慣的變化，有人驚呼以後別說長篇小說，就是以前萬把字的短篇小說也沒人讀了，大家都應該寫適合手機閱讀的三千字以內的微小說、袖珍小說。碎片化閱讀的時代有人趨時而變，去做新的形式和審美探索，這本無可厚非；但卻不能將趨時的實踐絕對化，須知，在趨時的文化實踐之外，更需要有逆時針的文化堅守。碎片化時代的詩，便是逆時針的文化實踐，是指懷抱更高的文化理想的寫作。

顯然，詩不是獻給無限的少數人，供少數文化精英顯示精神優越性的；但是，詩也絕不是即將被碎片化時代淘汰的明日黃花。在越來越快，越來越非中心化、去深度化的時代，純詩將以逆時針的文化選擇，肩負著將當下與傳統相連接，重構一套民族可共用的語言感受結構的重任。純詩在我們的時代，進不能安邦與定國，退不能日用於民生；但純詩越來越站在思的一邊，它恢復我們對世界的感受力。通過詩，主體建立與自我、時代和世界的複雜關聯。詩關乎一個完整的現代文化人格，是現代教養的重要構成，也關乎一個民族從歷史通往未來的文化可能。在此時此刻，看不到時代轉型的滔天巨

浪是幼稚的，但因此便放棄對共用歷史與未來的「傳統」的追求，放棄對詩的堅守，則更是一頭投入了虛無主義的迷霧之中的淺薄行為。

我相信，可能是這樣的文化願景，催動著講段子的鮮于忘機也幾近狂熱地寫著詩。祝賀他的詩集出版。

是為序。

8　空　白：一個人的詩歌檔案

# 空　白

一個人的詩歌檔案

## 目　次

# 壹、2016 年

# 五 月

春與夏開啟五月的密謀
情緒竹子般節節拔高
海棠顯耀綠的豐滿
櫻桃吐露紅色的鄉愁
一隻幸福的手
不斷地從山峰滑落過來
一浪高過一浪以後
潮汐把沙灘拍回現實
膨脹的季節
欲望在身體裡成長過度
剔除了多餘的脂肪
日子只剩下幾根骨頭

05.05

# 廣　場

不知道怎樣定義廣場
只曉得那是人為製造的空曠
大理石掩埋了泥土的鬆軟
一望無際的冰冷和堅硬

噴泉的水總是流向自己
小草只能在夾縫裡活著
燈光掩飾了角落的黯淡
周邊森林般的高樓
夏天遮擋風的清涼
冬天又把身體的陰影
來吞噬太陽無力的光芒

四季的風穿過廣場
無數次的大雪封蓋廣場
人群在廣場聚聚散散
一隻酒瓶遺忘在廣場中央
有的人在那兒倒下
有的人不知了去向
歷史在廣場清掃以前
不斷地在彎腰撿拾遺物
誰來認領　　　　　　　05.08

# 水 鳥

如果不是相遇
如果不是漫步河邊
那只水鳥
就不會出現在
我們的視線

欄杆的一角
水鳥佇立
風輕輕拂動
怕打消了它的悠閒
陽光變得安靜
時間流過水面
我們與水鳥
保持距離的安全
我們用手機
記錄了它的容顏
它是孤單的
它是獨立的
它一會兒看水流
一會兒看藍天

不知從哪裡
傳來一聲異響
水鳥沖天而去
天空最終消失了
水鳥的翅膀
一種飛翔的衝動
在我心中湧現
也許是偶然
也許只是一瞬間

05.15

# 關關的雎鳩

關關雎鳩
在河之洲
說的明明是鳥事
有學問的人
偏偏認為不是

他們一口咬定
雎鳩的叫聲不過是幌子
故事的主題應該是
有道德修養的帥哥
看上了身材苗條
又一心向善的靚女
日有所想夜來有思
如果讀得更細緻
裡面好像還有
更深奧的道理
思無邪
是解釋的關鍵字
……

關關雎鳩

在河之洲
鳥兒一雄一雌
一唱一和
一不小心
開啟了中國的詩歌史

05.23

# 男怕夜奔女怕思凡

說什麼
男怕夜奔
女怕思凡

男人夜奔
出門就有足浴店
夜色沉沉
擋不住群眾
雪亮的眼
你有事乖乖
沒事也不容分辨
糊裡糊塗
不明不白
死了還不知怎麼玩
男人不夜奔
誰叫咱性命賤

女人思凡
恰二八少年
白日裡燒香供佛
夜裡廂禪燈一盞

半明半滅
獨自怎生得眠
花季歲月
蓮經七卷
抄寫了無數遍
篤，獨，妒，堵，
左一聲右一聲
高一聲低一聲
把時間敲成木魚
把風景敲成
一張破碎的臉
靈山遙遠
路有十萬又八千
花開驚豔
怎敵她匆匆
春日苦短
良辰美景奈何天
女人不思凡
天地亦應憐

05.22

# 筆記本的紀念

一本發黃的筆記本
一直躺在抽屜裡
已經二十多年
每年一次
在沒人的時候
我總要看上一遍

用鋼筆寫的字
有的工整
有的扭扭彎彎
就像那時候的心情
有時興奮
有時混亂

那一年的春天
天氣總是暖了又寒
那一年的人群
總是聚聚又散散
不管它風雨狂
就怕那太陽曬
那一年的事太多

新買的筆記本
潦潦草草寫不完

上半年播的種
下半年要結算
忙了大半年
換來一張負債清單
寫滿了三張紙
結尾是一聲長歎

那些日子
很少人想得起來
那本筆記本
也蒙上了歲月的塵埃
時間就像收割機
割了麥穗
連麥根也得深埋

又到了這時節
仔細看看
筆記本的封面
沒有了當初的鮮豔
不忍心本子的老去
用雙手輕輕撫摸
留住青春的懷念

05.23

# 馬非馬

春風得意馬蹄疾
駿馬奔馳保邊疆
的盧飛快馬踏飛燕
悲鴻的八駿
拍了一個好價錢
寶馬橫行
要的是氣派
爭的是風光無限
走遍天涯
被財主賣了去
老馬從此塌了天
這些是馬
這些都不是馬
說什麼指鹿為馬
你看懂了
那張悲苦的長臉

無鞍一身輕
卸下文明之累
一朝回到四千年前
達達的馬蹄

冬天踏雪
夏天飲水溪流間
不在江湖
何來相忘
恰似微風與輕煙
這是馬
是我心中的馬
蒼茫無邊

05.25

# 射 擊

時間是一把槍
可長可短
可以單擊
可以連發
子彈的射程
子彈的目標
決定於
扣動板機的手
監視手的眼睛
控制眼睛的心

但有時也不一定
我屏心靜氣
雙目凝定
手扣響了板機
硝煙飄過
鳥兒驚飛
子彈沒了蹤影

06.022

# 工夫茶

從那精巧的手拉壺裡
流出的一點一滴
是鳳凰單叢滾燙的淚水
當淚水與淚水相遇
葉子舒展了時光的褶皺

枝頭掛不住春天的瘋狂
青春不得不別離鳳凰山嶺
她的青翠她的芬芳
三番五次揉搓烘烤
變成了皺巴巴的模樣
還要經受滾水的煎燙

香中有苦苦中有香
清香是韶華的剩餘
靈魂卻是滴不盡的苦
如果喝不出這點苦味
怎能說懂得茶的工夫

當淚水與淚水相遇
心靈與心靈再度重逢

你端起這小小的一杯
能咂出多少生命的況味

06.15

# 庖丁解牛

庖丁提刀而立
牛委地如土

四目相對
牛的眼睜得太圓
眼眶裡迸出淚水
模糊了庖丁的視線
那把刀懸在半空
空氣窒息

庖丁討厭
血腥的場面
族庖的析
良庖的割
劣庖的砍
血流如注
肉崩骨裂
沒有技藝的宰割
就只剩下殘忍
庖丁不屑

庖丁善刀
庖丁的刀
十九年不換
庖丁的刀
從來不見血跡
庖丁看穿了
牛的生理組織
骨肉之間
牛身體虛空
沒有碰撞
沒有延滯
在生命的柔弱之處
遊刃有餘
庖丁的技藝
天下無敵

牛群戰慄
牛的淚水已不能
動搖庖丁的信念
神明賜予他
宰割的技藝
國君委任他
宰割的權利
連莊子都說幾近於道
這個世界除了牛
誰還會心生憐憫

庖丁舉刀
牛群倒地
時間還在繼續

06.23 晨

# 革命的麥子

六月
麥子飄香
麥子金黃
麥子們都垂下頭
收起了往日的鋒芒
麥子在等待
革命的到場

革命如約而至
日期寫在饑餓的臉上
革命的衝動
源於胃腸的蠕動
磨了兩千年的鐮刀
即使在白天也會閃光

麥子身首異處
麥粒遠離故鄉
有了革命的殉道者
才有了麵條麵包
才有了人民的食糧

鐮刀勞累了
早已被博物館收藏
現在，收割機開進麥田
橫掃千里麥浪
農業升級為工業
技術成就了欲望
革命的事業
空前的興旺

六月
我的眼前飄過
麥浪的金黃

06.15

# 距　離

從唐朝到今天
是時間距離
從蘇州到潮州
是空間距離

空間測量用公里
時間以年來計算
但我總算不清
距離的長短近遠

不是說唐朝很古老
為什麼李白杜甫
常常在我身邊
也有人說蘇州太遙遠
平江舊街那棵老樹
怎麼就在眼前

有人說時間可以穿越
李白的手為何抓不住
空間能夠縮短
我的腳卻踏不進

史家巷熟悉的小院

看的時候是一種距離
想的時候是一種距離
做夢的時候又沒了距離
距離到底是啥
也許是不該問的問題

06.26

# 行動或者仲夏夜之夢

如果我有一支手槍
我一定要把夜晚幹掉

外面的天越來越難看
越來越暗
連事物的輪廓
也看不見

一聲槍響以後
會有什麼出現

07.07

# 讀宋史

歷史書翻到宋代
心中突然生出些惻隱
金戈鐵馬急管繁弦
總有一種特別的聲音

宋代的將軍耳根容易軟
皇帝賜的一杯酒下肚
就開始眼花頭暈
糊裡糊塗解甲歸田
反倒享受了幾世安寧

宋代的文人兩種心情
寫詩的時候一臉嚴肅
填詞的時候難得正經
小園香徑柳巷市井
綠肥紅瘦醉花陰

宋代的皇帝是文藝青年
上朝時都帶紙墨與筆
畫著畫著就爐火純青
畫活了花鳥與山水

畫出了意韻
卻畫不出人心

宋代的政治還算清明
改與革總是搖擺不定
宋代的國庫銀兩不算少
可以買下幾十年的安寧
勾欄瓦肆樓外樓
臨安早已勝汴京
只是富民忘了強兵
輕看了北邊的狼子野心
亡了北宋南宋又接著亡
叫丹心如何寫汗青

一卷書翻過去又翻過來
白紙黑字需要好好品
看慣了前朝後朝的血腥
讓我更懷想
這一段難得的歷史溫情

06.15

# 房子——讀 Derrida

曠地上
誕生了一座房子
無法考察它的起源
房子的結構
進入了我們的視野
結構的材料
與文明史有關
結構的空間
等德里達籌算

結構劃分了
房子的內外空間
之內需要填塞
之外屬於自然
哪一天
住進了一個國王
這裡便成了宮殿
亞當夏娃
偷吃蘋果以後
又成了家的來源

亞當夏娃會離家出走
國王也可能遇到政變
空間的身份不定
詞語充滿了危險
抓住了房子的輪廓
卻搞不定它的內涵
在時空的延異中
如何給出房子的概念
相信自己的觸摸
信仰卻不能擦亮盲點

房子動搖
空氣撒播混亂的消息
結構與解構
盲目與洞見
房子崩潰
留下一灘廢墟
結構瓦解之後
回頭再尋找蹤跡

07.25

# 聽成公亮彈《歸去來辭》

陶淵明
歸去來辭
成公亮彈
我聽

如在眼前
琴音貫通心靈
歸去來
來去歸
演繹的都是寧靜

帝鄉緲緲
富貴浮雲
春語秋辭
總是一般俗韻
真意難辯
無人聽取嘯吟

風飄飄吹衣
閑雲無心
南山遙不可及

他鄉市井
是也非也
都付予鳴琴

　　　　　　　　　　　　　　07.27

# 蘋果熟了

天高雲淡
陽光燦爛
走在果園的小路
樹上的紅蘋果熟透了
風一陣一陣吹
蘋果不時掉下來
心中突然有些激動
會不會象牛頓那樣
有一隻幸運的蘋果
砸中了我的腦袋

蘋果滾滿了一地
果園的路也快走完
天開始一點點變暗

08.06

# 聽德沃夏克《自新大陸》

在故鄉的時候
聽德沃夏克
憧憬著未來與遙遠
在異國他鄉的日子
接著聽德沃夏克
止不住的故鄉懷念

旋律
從慢板開始
在低音處徘徊
如冬季的密西西比
水流緩而又緩
最緩板
斯拉夫人的血液
滲透進了琴弦
那細又柔的音節
輕點再輕點

布拉格的玫瑰
在異鄉的土地上
被春天點燃

呵，陌生新奇的世界
新大陸敞開了胸懷
但茂密的城市森林
遮擋住了故鄉的藍天
那支黑亮的英國管
如何訴說得盡
離鄉人的哀怨

德沃夏克
自新大陸
心中永遠的迴旋
生命日積月累的冰硬
都在這音樂的光輝底下
融為一種柔軟

08.07

# 致光頭一族

曾經有一襲
讓我驕傲的長髮
最近卻為了髮型
心亂如麻

留一個中分
別人說太中庸
不偏不倚有點圓滑
我也覺得少了點個性
沒有展現時代的光華

把頭髮往右邊梳
偏右好像不太安全
也蓋不住額上的傷疤
乾脆留個左分頭
這是一個正確的方向
但總有那麼一搭
怎麼按也不聽話

中有不甘
左右為難

頭髮也會製造人生的麻煩
那就把頭髮全部削光
光頭錚亮一塵不染
如果想重溫梳頭的感覺
只要張開所有的手指
貼在自家的頭皮上
猶如一張白紙
可以隨意寫詩率性作畫

08.08

# 關於釣魚島

釣魚島
一塊巴掌大的地方
四周是蔚藍的大海
海裡的魚非常多
海裡的魚也很愉快
因為它們知道
這裡沒有人的江湖

魚兒們不喜歡
張志和與張季鷹
一個捕魚忘了歸
一個隻知鱸魚膾
它們只歡迎莊子來
魚的痛苦與快樂
只有莊子明白

釣魚島
如果有那麼一天
變成了莊子的漆園
莊子做東邀請
華茲華斯和梭羅

陶淵明與孟浩然
東方西方的詩人
一起種瓜種菜
一起燒水做飯
跟大海裡的魚一樣
自由自在

08.10

# 旗

寬闊的廣場中央
長方形雪白的旗
高高地飄揚
它左右搖擺
東張西望
它有時在舞蹈
有時在歌唱
它暴躁如發飆的路怒哥
安靜又似害羞的小萌娘

長方形給予旗姿態
雪白保證它的純潔
旗杆突出它的高度
同時奠定它的立場
而風規定它在每一時刻
都要堅持正確的方向
旗還會借陽關的燦爛
閃耀刺眼的光芒
甚至覺得自己是一位領袖
帶給廣場洪荒的力量

我知道不應該
賦予這面旗幟
太多的象徵
太沉重的思想
旗就是旗
只要有風有天空
它就應該自由飄揚

08.11

# 鋼鐵是這樣煉成的

很多年以前
讀《鋼鐵是怎樣煉成的》
熱淚盈眶
保爾‧柯察金
一位異國的英雄
讓我生出萬分敬仰
我默默自許
要像保爾一樣
在革命的大熔爐裡
煉成一塊好鋼

鋼鐵是這樣煉成的
保爾提供了榜樣
我也確定了人生的方向
但我的心裡
為了保爾的初戀
總有一點淡淡的憂傷

冬妮婭
一位布爾喬亞小姐
她的高雅氣質
她的柔情目光

就連她的傲慢任性
她的冷漠哀怨
也是那般令人神往

但她不願意把青春
讓革命錘煉成鋼
她拋棄了與保爾的愛情
把命運託付給
有錢但陌生的男人
這是對革命與愛情
的雙重背叛
對此必須有的憤怒
卻沒有及時產生
我開始懷疑
自己的階級立場
冬妮婭
一個夢一樣的姑娘
為何我的革命理想
在鮮活的女神面前
一下失去了光芒

很多年以後
保爾的故事已模糊不清
但冬妮婭的形象
還是當初一樣的鮮亮
我的心裡深處
也依舊保留著那份
淡淡的憂傷　　　　　　08.24

# 風中的馬

馬的耳朵裡
灌滿了風的呼嘯

馬的目光射向遠方
它從不仰望天空
也不回首故鄉
它已經走遍天涯
把歲月帶進了蒼茫

噠噠的馬蹄
踩著疾風飄蕩

08.26

# 空 白

雪掩蓋了一場聚集
廣場一片空白
風改變了林中之路
森林一片空白
琴弦在高音處崩潰
聲音一片空白
流水剝奪了花的色彩
秋天一片空白
眼淚刻在南方的竹子
愛情一片空白
太陽獨自走下山崗
大地一片空白

空白之處
一些思想在萌芽
一點情緒在蠕動
一隻新蟬飛翔
它想飛過空白

08.30

# 秋天不想

冬天太冷
在陽光下曬太陽
夏天太熱
在樹陰下乘涼
或陰或陽
人生總在選擇
這不冷不熱的季節呢
該向何處往
讓人心神不定

什麼也不想
心放不下
什麼都要想
心堵得慌
那就為心開一個銀行吧
不為利息
但求心的安寧

09.04

# 都市夜色

經歷了夏日的囂張
秋風與秋雨合謀
糾纏都市的裙擺
掀開了風情的一角
特別是夜幕拉開以後
性感不需要遮擋

樓宇堅挺
喝了興奮劑一般
生長成一片片
黑色的城市森林
寬闊筆直的馬路
現在累得都拐了彎
灑水車平靜的撫摸
是它難得的喘息
紅綠黃燈閃爍其辭
製造著進退的陷阱
夜色迷茫
金碧大廈對面那只
孤單的流浪貓
沉湎在春光的回想

劇場正演繹高潮
觀眾一聲聲尖叫
忘記了高潮以後
就要散場

路燈曖昧暗淡
賣氣球的使勁在吹
氣球越吹越大
恰如夜的夢想
在等待某一時刻爆炸

09.08 晨於淞滬路

# 飛　翔

天空從來就是
鳥類統治的世界
群鶯亂飛微風燕斜
鷹就是它們的國王
地上的人們羨慕嫉妒
天生沒有翅膀
卻更加渴望飛翔
也因此引發
鳥兒們的嘲笑和輕狂

曾幾何時
人終於自由地
穿行在白雲之上
在茫茫的雲海間
再也見不到
鳥兒的一片羽毛
鯤鵬扶搖九萬里
那不過是一種傳說
人主宰了土地以後
又開始籌畫
征服天空的夢想

止不住飛的欲望
刺破青天人未休
雄心萬丈初心已忘
會不會有一天
飛得太高
脫離了地球的環抱
那蔚藍天空
成了飛翔的墳場

09.10

# 秋　思

秋的扣子鬆開
落葉繽紛
捉摸大地的情懷
陽光尋找著縫隙
斑駁陸離
欲明時還暗
雛菊初黃
桂子飄香
花好等著月圓
江南的風
已吹成秋籟
那人卻在
故鄉的風景之外

09.14

# 老地方

從未去過的新天地
那裡沒有朋友
沒有愛的人
但那裡
有誘惑人的風景
有夢的溫床

不用擔心迷路
有了定位導航
只要目的明確
就會有正確的方向

但我的心裡
還是有些許的忐忑
即使是無限風光
即使是精彩飛揚
卻更懷念
那些閉了眼
就能走到的老地方

09.24

# 火燒雲

著火了
火苗躥到天上了
天空一片紅彤彤
地上連綿的江山
天上翻滾的雲朵
安耐不住的夢想
壓抑不了的衝動
要連成一片紅色
徹底的紅
霸氣的紅
讓你無話可說了

一場風暴正在密謀

找不到北的鳥兒
泛著紅光的羽毛
倉惶在高高的塔頂
林子不大
那是你們的家
降落吧，回家吧
小心讓火點著了翅膀

火燒雲會退燒
飄風驟雨不終朝
只要不是離家太遠
找準了節奏
想飛就飛

09.26

# 三　水

## ——寫在孔子誕辰日

老子曰：上善若水
孔子曰：智者樂水
禪者曰：善心如水
說的都是水
但不在同一條江裡流
也不能放在一個鍋裡頭

儒家的水太稠
營養雖說好
時間久了容易酸臭
道家的水倒是清澈
不過放在杯中會漏
佛家的水最奇妙
明明聽見水流淙淙
看見的卻不是水

儒道佛三水
此是水彼也是水
拿起杯來怕漏
放在一起擔心串味

隨便喝了容易傷胃
怎不讓人犯愁
不如人頭馬二鍋頭
喝它個酩酊大醉
管他天翻地覆慨以慷
酒國裡從來夢美

曾經滄海
看今日秋波浩渺
上善不能
樂水不得
善心無所為
本以為是水份不夠
卻原來是人生太水
水漫金山濕了法海的腿

09.28

# 明信片

窗臺上
一隻灰褐色的鳥兒
銜來一枚樹葉
半青半黃的色澤
紋路清晰可見
一下子讀不懂它的意思
葉子又隨風而去

突然驚醒
這是一張明信片
沒有日期地址
沒有書寫的痕跡
但葉子的色彩
收藏了時間的容顏
葉子的紋路
在為思緒穿針引線
它從哪裡寄出
為什麼來到我的窗前

落葉繽紛的季節
無數的葉子眼前飄過
我已無心再看　　　　　　09.30

# 看是貪婪

光強烈刺激
模糊暗淡的風景
一下子明亮起來
但在光線之外
仍然是沉沉黑暗

色彩形狀
大小高低
美醜好壞
有了光的照耀
就有了喜樂悲哀

視線不停移動
在花開葉落中
在牛車與高鐵之間
在男人與女人的臉上
在歷史銜接的地方

光統治著看的世界
不看是虛無
看是一種貪婪　　　　　　10.04

# 雲

高高在上
虛無縹緲的雲
是曠地裡奔騰的野馬
是草原上散漫的羊群

羊群等待宰割
野馬陷入深坑
雲的淚化為雨
下個不停

10.13

# 樹

我面對著樹的時候
樹也面對著我
我轉身離去
樹默默地站在那兒

許多年以後
我來尋找那棵樹
那兒卻站著一棵陌生的樹
我打聽那棵樹的消息
陌生的樹告訴我
那是她的姐姐
姐姐早已變成了木頭

10.14

# 弓　手

張弓不搭箭
弓弦歎息
弓手卻聽到了
聲音的魅力

他的所有的利箭
已經封存多年
他神往
手揮五弦
目送歸鴻的畫面

一群大雁
在天空盤旋
弓手優雅舉弓
弦聲柔軟
雁群倉惶逃竄

弓手棄弓
他的手從此行走在
泠然琴弦

10.19

# 子彈在飛

千山鳥飛絕

兩種飛翔
在空中相遇
一種是有生命的
一種沒有
一種是有預謀的
一種沒有

兩種飛翔一起墜落
獵手眼光閃爍
他製造了一種飛翔
收穫了想要的結果

萬徑人蹤滅

11.11

# 下雪

在寒流到達南方以後，
雪開始在微信裡降落，
同樣是白皚皚一片，
但雪和雪相隔那麼遙遠。

這是一場不會融化的雪，
即使是在火燒一樣的夏天，
也會冰清玉潔，
而在寒潮以後
更讓人感覺溫暖。

很多年沒有在雪地裡走了，
也無人提起雪花的快樂。
目光厭倦了繽紛的色彩，
只是在黑暗裡才看到潔白。

有了微信，有了懷念，
一場雪深深地落下來。

11.25

# 馬耳山

千軍萬馬旌旗招展
對峙在百濟的舊家園
鼙鼓動地喊聲震天
馬驚得耳朵豎了起來

一陣微風吹過
吹醒了第一片櫻花
戰士的身軀已化成泥土
留下馬的耳朵高聳雲間

盤索裡在深情敍唱
孝女沈青的故事
阿格西停下了腳步
兩匹馬的耳朵也已張開

11.28

# 哈瓦那

想起了哈瓦那
海港的天空飄著的
明亮金色的彩霞
當有人離開的時候
誰在歡樂誰在悲傷

哈瓦那那位老人
鬍子永遠是那麼長
一身戎裝揮舞著手
劃出一道道美麗的圓圈
卻遮掩不了遲滯的目光

天光漸暗
海面上波濤洶湧
白色的鴿子起飛
消失於大海的蒼茫

哈瓦那還是哈瓦那
一把老吉還在彈唱
時間，你給我站直了
別忘了鬍鬚是什麼樣　　　　11.29

# 暢想曲

一萬匹馬
從我的胸上踏過
我的肋骨格格作響
但沒有疼痛
我的肋骨堅強
還是馬的腳步輕柔

星光燦爛
我馳騁疆場
不想讓馬的眼睛
迷茫在鞭子的陰影
我要變成風
讓馬蹄踩在雲朵

12.02

# 杜甫的廣廈

——安得廣廈千萬間
大庇天下寒士俱歡顏

一場暴風驟雨
吹走了杜甫草堂的三重茅
吹破了他的秋衣
詩歌頓時衣不蔽體
也沒了立錐之地
杜甫哭了
哭碎了格律
一路哭到了白話詩
突然聽到了新消息
語詞的經濟基礎
可以決定
詩歌的上層建築
趕緊去銀行
貸一批名詞動詞
再去血肉橫飛的股市
圈定一些形容詞
聽說還可以加杠杆
那就追加大詞和聖詞

萬詞具備
杜甫的眼淚
終於有了著落
他似乎看到了
天下寒士的笑容
用名詞打地基
用形容詞來裝修
動詞主要用作什降
詩歌平地而起
無數的人脫帽致敬
它的高大氣派
隨時都得仰望
那玻璃幕牆
顯耀著太陽的光輝
刺眼
才是詩歌的輝煌
詩歌的高樓
每天都在長
樓的價格
每天都在漲
就快到了天上
杜甫登樓
他拿到了
頂層的鑰匙
在樓道裡
卻發現沒有鄰居
夜色沉沉

詩歌大廈都不點燈
他突然感到
一層層寒冷
杜甫下樓
禁不住把一千年的眼淚
灌成一壇
他回到草堂
今晚要請李白和孟浩然
喝上幾杯濁酒
吐吐心扉

12.08

# 青春期漫遊

在宣佈畢業的那一天
沿著隴海鐵路
我們一直往前走
前邊是什麼地方
我們不知道
也不想知道
一列火車呼嘯而過
望著火車的背影
我們心生羨慕
火車有專門的軌道
有既定的方向
我們沒有
我們只有青春年少
還有一點點的自由
夜色無邊
我們繼續往前走
融入了蒼茫的歲月

12.27

# 殺風景

月黑雁飛高
殺了風景的人
把刀遺忘在現場
舊的風景死了
新的風景重又開始
那把刀成了
新舊風景唯一的見證
雖然是鏽跡斑斑
削瓜如泥是沒有問題的
看風景的群眾
記得保持適當的距離
殺不了風景
也不能被風景殺死
大雪弓刀下
騎上一匹唐朝的快馬
隨時準備遁逃

12.30

# 2016 歲末的草

陽光袒露胸懷
給 2016 年畫上
一個光明偉大的句號
枇杷樹欣欣向榮
在和煦的風中輕搖

那些可憐的雜草呢
園子的主人說它
破壞了小園的美麗和諧
還佔用了樹的養料
2016 的最後一天
成了雜草最黑暗的時光

園主的意志不能違抗
但也不能低估草的頑強
生命的種子已經灑落
地底下正在醞釀瘋狂

我知道這不過是
對逝去事物的安慰
生命有了高貴卑賤

思想有了利益和立場
講什麼都是白講

白樂天說春風吹又生
赫胥黎說適者生存
莊子說無何有之鄉
天蒼地茫萬物生長
明年春天的小草
但願你照樣挺起胸膛

12.31

# 貳、2017 年

# 一個人的音樂會

一個人的音樂會如期而至
我把今天的生命
交付給了我的耳朵
耳朵小心翼翼地
把聽覺調到
被日子久已遺忘的頻率

音樂開始
杯中的水霧慢慢散開
去尋找水的源頭
看不到高山巍巍
但聽得清流水淙淙
如果是莫札特來彈
還會是這種聲音

同樣是水流
多瑙河為什麼是藍色
德沃夏克漂洋過海
為什麼又要離開新大陸
如歌的行板
是否凝聚成水的立方

梅花把影子
許諾給了一泓清泉
鳥棲魚不動
只有旋律浮動
讓黃昏更黃昏
在音樂統治的世界
我俯首貼耳

01.02

# 對一株花草不切實際
# 的思想

一株不知名字的粉紅花莖
緊緊貼在馬賽克牆上
牆根下的土地肥沃
青草們都在蓬勃生長

你沒有樹那樣的
獨立向上的力量
卻脫離了廣大的草群
依附著牆朝上爬
你是為了躲避地上的踐踏
還是為了吸引關注的目光
你有沒有更偉大的夢
逾越牆頂去跟天空接壤
我知道你會搖頭說
「我天生就是這樣」
但我還是忍不住
不切實際地去思想

02.01

# 致敬曼德爾施塔姆

您的文字
如精緻高貴的骨質瓷盤
淡藍色的琺瑯
即使是黃昏降臨
也會發出迷人的光芒
但不是每個人都喜歡
甚至會刺痛一些人的目光

那個拿煙斗的小鬍子
他只相信鐵的事物
因為領袖就是鐵飯碗
鐮刀鐵錘就是鐵的信仰
他左手撫摸鬍子
右手高舉鐵錘
美麗的瓷盤
頓時被敲得粉碎
丟棄在無人知曉的地方

許多年以後
那把鐵錘早已鏽跡斑斑
跟著主人去了墳場

人們越來越懷念
那只精緻高貴的骨質瓷盤
堅信骨頭潔白堅硬
在地底下仍然發光

2/10

# 南唐後主

他的父親揮霍了
金陵的王氣
留下空蕩蕩一隅江南
和一片飄渺雲煙

笙歌已歇
深院落梅亂如雪
弄詞珠璣
填不完雕欄玉砌的空白
倒是昨夜
東風破後的一聲歎息
充滿了時光的縫隙

未曾識干戈
四十二載家國已遠
絕代詞帝
人間沒個安排處
都付與一江春水東流去
西元九七八年
喝完了趙家送來的酒
羽化登仙

了卻了誰家心願
此情還須問天

02.14 改

# 牛 扒

一場饕餮盛宴
筷子與刀叉入席
酒興奮得能點著火
度數證明水的神奇
吃葷的不忌諱吃素
蔬菜開成了花的微笑

牛扒烤得不糊不焦
工藝從來都很重要
剔除了軟組織以後
堅硬的骨頭並排
表達對消逝生命的紀念
也是安慰亡靈的咆哮

牛排化為烏有
一根根肋骨隱隱作痛
人類張開了大嘴
卻一下子失去了胃口

電視螢幕超清晰的畫面
一群東非野牛在奔跑 2/26

# 冷風景

推開窗子
觸摸到近處的風景
今天的風景有點兒冷
枝椏上的鳥喧騰著
那也是風景的一部分
但改變不了風景的性質

鳥是自由的
因為有一襲神奇的羽衣
冬天拒寒
夏天抵禦太陽的威嚴
還有一雙翅膀
嬉戲在風景裡面
又飛離於風景之外
風景總是裸露著
所以才有了一年四季

春天給了風景許多顏色
乍暖還寒
風景的心還是冷的
但冷的事物容易安靜

風景也是
那麼看風景的人呢

03.15

# 聽杜普蕾《埃爾加 e 小調協奏曲》

風把寒冷吹進樹的身體
最後的花朵在黑暗中點燃
從此黑暗不再黑暗
而花朵卻染上了無名憂鬱

聲音在空曠裡陷落
風景在尋找明亮的眼睛
春天的信一直沒有打開
天空消失了鳥的翅膀

傷心咖啡加一包開心果
秋天的談話就這樣開始
兩杯咖啡的距離很近
咖啡喝完了卻忘了碰杯

喝咖啡的人已經離場
花朵也回到了樹的故鄉
憂鬱因黑暗變得深情
風動弦驚之秋天的絕唱

3/17

# 記憶中的一次豐年

當一群麻雀在社場上集結
我知道這是麥收的季節
一顆顆豐滿的麥粒
鳥兒們不再需要為肚子
花去太多的時間
農民已經收工回家
社場成了麻雀的天堂
它們做遊戲跳舞唱歌
有幾對在角落談戀愛

麻雀沒有自己的歷史
因為它們的記憶有限
但村裡的老人還記得
屬於麻雀的兩次浩劫
一次是全民除四害
麻雀們惶恐不安
有的自殺有的被嚇死
一次是天災人禍加
一雙雙饑餓的眼神
把世界染成了綠色
千林萬樹鳥都飛絕

如今看麻雀歡騰的場面
老人真心喜歡
人吃飽了
還差麻雀那幾口
人鳥同樂
才是真正的豐年

03.20

# 敏感的燈

半夜裡
忍不住一聲咳嗽
床頭燈居然亮了
起床關燈
對面窗戶的燈也亮了
這年頭
連燈都這麼敏感
睡意全無

03.26

# 年輕的背影

誦經完畢
敲木魚的僧人
習慣性地揮一下衣服
推門而出
從褲兜裡掏出音樂
邊走邊聽

下午三點多的陽光
已經不再刺眼
餘音回繞
漸漸淡去的僧人
年輕的背影

03.28

# 今年的麥子

麥子開始生漿拔穗
只要時間還在繼續
不需要任何劇透
麥子的成熟是不可避免的
麥子的收割也是不可避免的
想起那把明晃晃的鐮刀
但願今年磨得更鋒利一些
收割的時候給個痛快

04.19

# 落日（一）

抽煙之前
太陽在江面上徘徊
臉脹得紅紅的
好像有什麼心事

一根煙沒抽完
太陽就看不見了
老袁說太陽下山了
老段說太陽沉江了
嘿，太陽的生死
也就在那一瞬間

手指夾著的煙掉了
煙屁股的火還沒熄滅
嫋嫋餘煙

# 落日（二）

太陽貼近水面
微微顫抖了一下
然後象被擊碎的玻璃球
嘩啦啦散落水中
我趕緊撒開時間的網
但為時已晚
一陣風吹過
江面上不留痕跡
水流悠悠

04.19

# 聽　海

無邊無際的大海
沒有了島嶼的背景
只能選擇與天空為伴
陽光帶來了純粹的光明
就像在純粹的黑暗中
什麼也看不見
那麼就閉上眼睛吧
去傾聽大海的呼吸

04.28

# 有時候寫詩是輕浮的

那一年春天
狂熱地愛上了詩歌
心目中詩人的身份
是一枚發光的勳章
能給暗淡的生活帶來明亮
那一年春天
還沒聽說過海子
不太喜歡于堅的饒舌
欣賞柏樺西川陳東東
王小龍的詩也有那麼點兒意思
那一年春天
不停地寫詩
打算將那些牛叉詩人
通通 pass
那一年春天
女朋友讀完了我的詩
會加上一句
「可惜寫詩不能當飯吃」

也許是聽了她的那句話
也許是接下來的一場風波

春天與夏天交換後
天氣特別悶熱
詩的熱情卻降到冰點
突然覺得
這時候寫詩是一件輕浮的事

05.04

# 致夏天

通向春天的走廊已經關閉
那麼就從夏天開始吧
夏季鳥的發條擰緊
即使是荒蕪之地
即使是無風的日子
只要天空還在
只要淚水還在

鳥兒的聲音凍結
時間折斷翅膀
枝頭開滿了白色的病句
忽高忽低的藍風箏
各種路線互相糾纏
火車壓在肋骨上
一節一節的問題
一個脫節的時代
但天空保留了飛的記憶
記憶復活
從夏天開始

05.05

# 喝　茶

大樹底下喝茶
聊聊寫詩
這不是容易的事

寫詩是因為心情
喝茶是品味心情
茶淡了
心情就像白開水
茶濃了
心情就化不開了
幾片葉子在茶杯裡
不知所措地漂浮
如果喝的是趙州茶
詩就成了多餘的事情

05.06

# 老人與狗

幾年前
老人和狗偶然相遇
就那麼一個眼神
他們一起回了家
然後呢每次出門
老人在前面走
狗在後面緊緊跟著

幾年後
老人已看不清世界
然後呢每次出門
狗在前面走
帶老人去雲深的地方
還不時地回頭
生怕老人沒有跟上

05.08

# 麥子黃了

望不到邊的麥地
麥子與麥子孤單地站著
風看見了直搖頭
想把它們帶走
但泥土緊緊抓住了它們的腳

其實麥子從未打算離開
其實麥子早已明白
生長在割命的時代
它們的存在
就是為割命事業貢獻頭顱
割命不是請客吃飯
割命不是上床做愛
沒有那引頸一割
哪有那黃澄澄的麥粒
讓割命者的日子
過得像金子一般

麥子黃了
麥子集體低頭
鐮刀把聲音磨得巨響

一群群麥客
從四面八方趕來

05.17

# 記　憶

二十年前
光州事件紀念館
沉甸甸的留言簿上
莊重地寫下
我的名字和一段感言

在密密麻麻的墓碑前
我流下了眼淚
那些犧牲者的出生年月
大多與我相仿
他們的生命都
終止於一九八零年
但他們的熱血
溫暖著那片領土
讓忍冬草度過
一個又一個嚴寒

還有更廣闊的土地
還有更深重的時間
還有……
記憶清晰又零亂

默默坐在書桌前
攤開先生的《野草》
還有那篇《為了忘卻的紀念》

05.19

# 週末廣場

週末的夜晚
我踩著單車的自由
從東向西
穿越廣場的空曠

廣場的那頭
是我愛人的小屋
屋子西窗下的書桌
有幾柱新買的紅燭

但六月封鎖了廣場
單車車輪無法運轉
夜色黑了西窗
紅燭垂淚

多少年以後
從前的廣場
景物更新空曠如舊
西窗下紅燭不再淚流

06.03

# 飄

.風飄過

..雲朵飄過

...月光飄過

....四月的花飄過

.....秋天的落木飄過

......沙塵中大漠飄過

.......斜陽讓孤峰飄過

........夜色捉住蝙蝠飄過

........清晨渾圓鐘聲飄過

........雪似梨花飄過

......雨做的江南飄過

......城堡上旗幟飄過

.....古寺裡咳嗽飄過

....大街上彩票飄過

...藝術家的淚水飄過

..坦克從廣場上飄過

.語言在空氣中飄過

.愛情把誓言飄過

.工作讓快樂飄過

..革命的水果飄過

...思想的葉子飄過

....詩在酒杯裡飄過
.....東坡的一縷白髮飄過
......全世界飄過
......沒有什麼不飄過
.......大家一起飄過
.......飄過
.......飄過
.......飄過
......飄過
......飄過
.....飄過
....飄過
...飄過
..飄過
.飄過
.飄過
.飄過
..飄過
...飄過
....飄過
.....飄過
......飄過
......飄過
.......飄過
.......飄過
.......飄過
.......飄過　　　　　　　06.08

# 黑　狗

狗
一隻狗
一隻黑狗
一隻中等身材的黑狗
在太陽的底下
悠然地
穿行於環島公路

高樓拔起的繁榮
看夠了
口號堆砌的喧囂
聽厭了
寶馬他娘的任性
路虎他爹的霸氣
在人民的道路上
呼嘯往來
也都如煙飄過

而黑狗的眼裡

只有松樹的蒼翠
黑狗的耳朵
只為濤聲而留

06.09 改定

注：今天又去南澳島，記得去年與松元兄
和滬上的黃教授夫婦同游南澳，在環
島公路遇一條黑狗，黑狗完全無視過
往車輛，從容散步過馬路，驚之，贊
之，以詩記之。

# 船

船是中心
水波圍繞著船進行
山的青翠是她的背景

隨風飄落的目光
來尋找古老的意境
把打折的點贊給她
把剩餘的感情給她
也把寂寞留給了她

夜色掠過水面
那微弱的亮光
是船的眼睛

06.10

# 藍　帆

浪濤一次一次
拍打銀色的沙灘

乘著夜深人靜
風肆意蹂躪
濕漉漉的黑樹枝
月光死於葉子的碎影

兩行腳印不知深淺
天邊升起一片藍帆

06.11 於南澳藍帆酒店

# 風　暴

風暴不過是
天空的一種任性
在風暴的中心
卻有難得的安靜

讓青山去纏繞烏雲
讓旗幟去飄揚風
我只想摸摸雨

打開窗戶
雨濕透了胸膛
變成了一條河
那就流向大海吧

06.13 寫於暴風雨中

# 第八個是銅像

記住了一部
阿爾巴尼亞的老電影
記住了易卜拉欣的七個戰友
在崎嶇的山路
扛著的是第八個銅像
記住了邱嶽峰的配音
「自由屬於人民」
「我代表人民判你死刑」

很多年過去了
那尊銅像是不是已經風化
或者熔鑄成一面面
精緻典雅的仿古銅鏡
每當我看到銅做的物品
我都會想起
第八個是銅像

06.14

# 哲學家的蟬

蟬
夏天的哲學家
自以為
經受了地獄的考驗
經歷了長征的檢驗
在大樹的高端
知了知了知了
喋喋不休
發佈有關生命的預言

一隻螳螂
借著綠的偽裝
正靠近蟬

06.15

# 爆　炸

在冬天
到處是雪
讓人忘了雪的存在
只有到了夏天
才想得起雪

冬天的雪
丟失在野火春風
梨花代替了雪的白
梅子黃時的雨
沖走了雪的懷念
國王的愛情
聖潔如雪的比喻
消融於玫瑰的紅顏
雪茄吐出煙圈
但與雪無關
只是為了增加感覺

夏天到來
有一種溫度
正在一天天攀升

國王的脾氣
也不見好轉
所有的氣體
找不到希望的容積
嘶嘶的火苗
在空氣中咆哮
看得見的爆炸
看不見的爆炸
是突然還是偶然
然後是
一片灰色
一片死寂

思想的天空開始下雪
下雪能否讓人
忘掉夏天

06.18

# 小 吳

小吳是我以前的同事
他的一幅行草
得了全國書法大賽銀獎
一下子豪情萬丈
說十年之內
要橫掃書壇千軍萬馬

小吳的書法才華
我是佩服的
小吳的刻苦用功
我也是佩服的
小吳的孤傲不羈
我是又佩服又擔憂的

許多年以後
有人說起小吳的近況
他的書法再也沒獲獎
他的脾氣越來越壞
領導說他腦子有病
一句話讓他提前下崗
他與父母相依為命

每天賣完蘿蔔絲餅
還在熬夜吮墨揮毫

在書法的世界裡
他認得清黑與白
在生活的世界裡
他早已黑白顛倒

06.19

# 想起了一場雨

南方的雨下得太有耐心
白天下個不停
晚上還要繼續
這讓我想起北方的雨

在雲龍湖大堤
電閃雷鳴之後
天空打開了閘門
水浪翻騰著
樹枝狂舞著
連身體也跟著顫動
然後是雨過天晴

在我的記憶裡
那場雨一直很年輕

06.19

# 花朵年年相似

上山的時候
采一枝金黃的花朵
匆匆歸去
連同山上的心情
遺落在下山的路途

來年這個時節
采一枝相同的花朵
老路重走
連同從前的心情
還能一起帶回家否

06.23

# 思想的狗

每當從它身旁經過
有一種狗會簡單地看你
然後掉過頭去
眯縫上雙眼
開始時光的思量

這顯然不是北方的狗
北方的狗除了汪汪
還是汪汪
這也不是江南的狗
江南的狗會逗人開心
秀表情裝了還裝

這只能是潮州的狗
潮州的狗是另一種生長
沾染了昌黎先生的脾氣
從此愛上了思想

06.24

# 風　絮

風牽柳枝
灑落一樹種子
如雪的鵝毛
迷離了誰的雙眼
對面的桃李
也笑開了花
風飄水流
端的是
顛狂柳絮隨風舞
輕薄桃紅逐水流

折枝帶走了風情
只餘下柳絮風騷
水性楊花
總是一般的輕浮
招誰惹誰了
非得捨身從良
卿原本潔白
與桃紅無偶

# 狀　元

陽春三月的畫舫
從杭州或者蘇州出發
一路向北
風雨無阻
水悠悠人也悠悠
大運河起承轉合
只待濡墨揮毫
把江南的錦繡寫就
三天後揭榜
又一個狀元到手

嶺外的馬車
早早打點了行裝
書生意氣
放眼北望
一座座高山橫亙
連飛鳥也失去信仰
山路十八彎
寫不盡文章的崎嶇
青絲出發
回來時已白了頭　　　　　06.29

# 龍 椅

那把新式樣的龍椅
據說宣統小兒坐過
後來流出了宮外
少將旅長也坐過
這些都是解放前的事

解放後
有學問的馬書記
說要帶回家研究
還沒有出結果
紅衛兵封了書記的家
龍椅太重
所以沒有被拖走

再後來
龍椅抬進抬出
去了好幾個地方
現在房產大亨許老闆
高價出手收購
龍椅終於有了歸宿

許老闆平時坐沙發
因為舒服自由
但客廳裡供著龍椅
看著心裡踏實
還有一點點
莫名的滿足

06.30

# 知　了

死於寂寞
常常是由於活得喧鬧
比如夏天的知了
拼命往上爬
又耐不住高的冷清
聲嘶力竭
單調的聲音
連池塘邊的木瓜
都搗緊耳朵

木瓜熟了
「不懂」「不懂」掉入水中
漣漪恰當表達了
對一些事物的敬意
知了無法知了
生命的大限
在週末的傍晚
無聲無息地墜落

07.01

# 傾天之戀

安妮，因為相戀
我們都長出了翅膀
我們的約會
不在花前柳下
不在富麗堂皇的宮殿
我們直接去藍天

藍天雖然遙遠
但不需要走綠色通道
沒有紅綠燈
也沒有斑馬線
我們一路無阻
那裡有愛的桃源
別了，曾經的煩擾囂喧

淚水清洗塵埃
清風撫摸你我的臉
舉杯狂飲
月亮就在身邊
不必關上燈
不需要拉上窗簾

我與你寬衣解帶
天空中雲雨綿綿

我們的後代
在春天裡誕生
象麥苗一樣地生長
天空中綠色一片
孩子們眼睛明亮
都有金色的翅膀
他們是未來的安琪兒

天使們長大以後
安妮，我們就化為雲泥
讓孩子們回歸大地
天上地下
從此換了人間

07.04

# 古寺之夏

走十五裡山路拐彎抹角
兩三點屋宇藏頭去尾
木魚把正午的陽光敲碎
風掀開了經文的一角

蟬停止歌唱以後
青蛙紛紛跳入池塘
蓮花出落成蓮花的樣子
月影接納了幾聲外來的咳嗽

07.04

# 夏日蓮

李商隱的雨
漲滿了溪美村的池塘
夏日蓮升向天空
一輪一輪的碧綠
好像在遮蓋著什麼

晚唐的紅燭
弄濕了宋人的思緒
楊萬里不知在從哪兒
喚來幾隻窈窕的蜻蜓
在每一片蓮葉間
細細探看

07.07

# 如 果

如果你把大海還給我
我就把淚水還你
如果你把春天還給我
我就把殘夢還你
如果你把天空還給我
我就把翅膀還你
如果你把陽光還給我
我就把月亮還你
如果你把莊子還給我
我就跟逍遙一起來
把時間的繩索剪斷
在天籟的譜上行走

07.08

# 看　海

大老遠過來看你
七月九號的你
安靜得像一個
不諳世事的小孩

白的雲把馬的奔騰
一片片化為烏有
島嶼順從地把碧綠
一叢叢進行到底
風是一把柔軟的梳子
輕輕梳理著你的秀髮
你安靜得像個小孩

西邊的天空
打翻了誰家的墨水
北邊的天空已經燒著
洋流從多個方向悄悄趕來
這是海燕傳來的警報
海燕啊，長點心吧
你已折騰得滿臉滄桑
七月九號星期日

總該讓你有一天的休息

從大老遠過來
看到了安靜的你
也看到了安靜的自己

07.09

# 讀老杜《九日藍田崔氏莊》

灰知更鳥不經意
踩痛了秋天的頭髮
落木一哄而散
風居心存疑
仲夏的草帽
越來越遮掩不了
歲月稀疏的容顏

邀兩三友情
去藍田崔哥的農家
管他廟堂江湖
都煮成一鍋桑麻
三杯兩盞淡酒
恰似那潤水長流
恐怕敵不住數峰清寒
就隨他去吧

醉眼朦朧裡
看茱萸的明暗
一隻蝴蝶
緩緩飛出窗外

07.9

# 夏之一日

烏雲散去
下著下著雨就停了
太陽保持兇猛
陽光普照下的葉子
繼續無精打采

徹底枯萎之前
葉子祈禱
能等到黑夜降臨
在黑暗的世界裡
萬物同一

07.11

# 手掌：致無名氏

用手掌劈開曖昧的天空
空氣綿軟
手掌的堅硬化為烏有

用手掌拍打絕望的死水
腐水難流
吞沒了手掌的沉默

用手掌撞擊刻板的峭壁
岩石猙獰
手掌的紋路開裂

用手掌撫摸曾經的夢想
夢赤裸身軀
手掌只剩下了骨頭

風從指縫間流過
手指佝僂

彎曲成一個個問號
握緊金屬般的拳頭
或者伸直了扣住泥土
手掌不朽

07.14

# 南行記

南行列車
從東灘出發
曾經的往事
與北行列車擦肩而過

窗外迷霧
霧中的風景隱隱
看不到人
看不到歲月的痕跡

山和樹終於清晰
與清風為伴的亭子
跳入眼簾
讓人回到從前

07.22

# 一片空白

天空沒有鳥飛
一片空白

陽光下無人行走
一片空白

頭腦裡沒有思想
一片空白

如果再下一場雪
世界一片空白

空蕩蕩的時間
雪若有若無

07.23

# 在友人的咖啡館

墨色勾勒時下的丰韻
空白收藏欲望的誘惑
黑白世界
黑的是水面
白的是肉的漂浮
黑夜給的黑色的小眼睛
怎麼看得清

然而還有另一種靜穆
圓融的姿態
天然的微笑
是高貴的單純
在東方的回應
她也有一雙小眼睛
即使不張開
世界也一樣清明

07.26

# 北行列車

清晨的北行列車
目的地是東灘
車廂裡沒有音樂
沒有人閒談
只聽到車輪與軌道
親吻的聲響
列車微微晃動
把我晃進了夢鄉
什麼樣的夢在等著我呢

蝴蝶翩翩已經老套
白天鵝又是西洋的玩藝兒
嘿，做個有創意的夢不容易
那就讓夢自己決定吧

仿佛聽到了昆蟲的鳴叫
那通常是江南的夏晚
織布娘娘唱完歌以後
蟋蟀發出深情點贊
織布娘娘也許聽得太多
頭也不回跟著螢火蟲

飛去了很遠的地方
蟋蟀緩緩振動翅膀
想飛卻飛不高
…………

乘務員聲音溫柔
東灘已經到了
到站的旅客請下車

07.27

# 江邊麻雀

在漢江邊喝茶看風景
一隻小麻雀逕自
飛到我的身旁
沒有食物招待它
它卻旁若無人信步如常
是信任我還是無視我
在我思考的時候
麻雀飛走了

07.28

# 撫　摸

撫摸
從河流開始
水流豐滿的地方
絲綢般的柔軟
手變成了細浪

順流而下
千帆過盡
河流堅硬起來
在水流轉捩點
一直摸到水的骨頭
那雙手也遺忘
在水流深處

數十年後
一群人撒網
打撈河流的記憶

08.01

# 寫在立秋之前

一不小心
就踩著了夏的尾巴
秋天的隊伍已經出行

天藍得高遠
田野的綠也因此深刻
午後的太陽
還保持著動物的兇猛
但都不在話下

喝完下午茶後
有身體一塊小小的地方
飄起了雪花

08.3

# 一枚貝殼

一枚帶血絲的貝殼
出海已經二十多年
那是在北戴河
夏天海灘的一次相遇
一起撿貝殼的人
有的登上了凌霄閣
有的出了海至今未歸
只有這枚貝殼
我們是相互忠實的

後來見到了很多貝殼
但我喜歡的還是這枚
雖然它早沒有了海浪的激情
但它是海裡生海裡長大
即使遠離了大海
每當摩挲它的時候
都會感覺到它海的性格

08.04

# 異鄉蟋蟀

深夜無眠
臥聽窗外蟋蟀歌唱
細細地聽
覺著蟋蟀的叫聲
跟故鄉的不太一樣

江南的蟋蟀發音清亮
尾音特別的悠長
而窗外的蟋蟀
音色低沉，收音短促
好像是喉嚨著了涼

莫非是異鄉來的蟋蟀
莫非是蟋蟀也懷鄉

08.07

# 晚上的風景

在草蘆家用完越南卷
離席的時候
不經意間
一位微笑的
阿珠瑪映入眼簾
單純的明淨
靜穆的雍容
一下子腦海湧入很多詞語
一下子覺得
這些詞語蒼白又可憐
走出草蘆
月亮已經等在路邊
哇，今晚的景色味道
真的好極了

08.08

註：越南卷是一種越南風味的用圓形的米
　　粉皮子包涮食物的吃法。回到家看到
　　阿壩地震的消息，剛才的好心情都沒
　　了，天也開始下雨了。

# 秋天的魚

童年的魚
從故鄉一路遊來
江河湖泊乃至大海
只要有水的地方
都想去呼吸一下

但有的水位太高
有的水流險惡
有的水質太髒
漫遊了一圈
想念的還是
從前的那片小池塘

池塘裡魚的尾巴
輕輕一搖
搖出了幾多魚尾紋
那是秋天開出的花嗎

08.11

# 5.18 的光州

黑洞洞的槍口
吐出黑色的蛇信子
黑壓壓的樹枝被反復糾纏
年輕的花朵大驚失色
黑土地上散落片片花瓣

那是光州的五月
春夏交接的最黑暗時刻

08.12

# 秋天的白雲

秋天的早晨醒來發現
春天丟失的羊群
都已棲落在藍天的枝頭
無法形容的悠閒自在

這樣的光景能堅持多久
季節一旦轉換
薅羊毛的北風可從不心軟
又是雪一般的遍地狼藉

08.19

# 雪　聲

聽窗外嘩啦啦的雨
妻問下雪有什麼象聲詞
雪落大地靜無聲
沒聽說過下雪會有聲音
至多說這雪下得真緊
原來是這樣的啊
雨下得是熱鬧
雪下得是安靜

09.08

# 讀　書

曾經在一本厚厚的書裡
讀到了我自己
還有我的親人和一些朋友
他們都是很生動的人

有了手機加了微信
已經好久沒有讀書了
那本書的封面
也蒙上了厚厚的灰塵

看到園中桂花開落的樣子
突然感到書籍的必要
從今天起，我要準時關機讀書
讓時間保留那麼一些記憶

09.22

# 藍風箏

飛鳥進入視野，
槍手毫不手軟扣動板機。
鳥兒聞聲遠走高飛，
路過的風箏應聲栽下。

槍手一臉懵逼：
「我的目標是鳥的飛翔，
無心無肺的風箏，
何必要來煞此風景」。
放風箏的老僧趕來：
「不提防一聲槍響，
大地山河都被嚇著」。

09.30

# 秋天的鐮刀

都說秋天的重量源於
一粒穀子的飽滿
在希望的田野上
只要不是顆粒無收
盡情舉起你的鐮刀吧
即使是顆粒無收
那就跟鐮刀一起哭泣
把淚珠哭成一串珍珠
然後用身體來溫暖刀鋒的寒冷

太陽已經退場
月亮赤著腳走來
她不想打擾收割的人
在田野的盡頭
彎彎的鐮刀靜靜躺在大地上
那是秋天月亮的影子

10.01

# 今秋的陽光

卻道天涼好個秋
說這話的沒去過南方吧
無風的日子
秋天的太陽威武
蟬鳴已經遙遠
園子裡羅漢竹披頭散髮
三角梅已長不成花了
陽光讓所有的眼睛閉上
連饒舌的鸚鵡都不敢說話

風鈴在陽光下保持鎮靜
天空的雲朵都去了北方
守在沒有三重茅的茅屋
在古代的詞語裡
尋找一些別人用過的禪定
二手的詩意雖然廉價
卻是光天化日之下唯一的陰涼

10.03

# 出　行

三十年前出門遠行
坐三十六小時的火車
人生第一次
從江南準點到了嶺南

南行線上
白天看窗外的風景
夜裡聽取鼾聲一片
車廂的過道裡塞滿了人
一張張陌生又熟悉的臉

那時候工資每月保證花完
那時候愛情還在天邊
那時候心裡從來不著慌
因為手裡攥著大把大把的時間

如今，火車年年提速
快要趕上休斯頓火箭了
飛也似的歲月啊
如果再次出門遠行
只想跟親人與朋友

一起坐世界上最慢的老火車
去的每一個地方
每次都是晚點

10.06

# 樂　章：勃蘭登堡
# 第六協奏曲

樂章從快板開始
水面開闊
風以較快的速度掠過
湖水散開漣漪
雲雀擦亮了天空的明淨
聲音更加清脆寬廣
兩把中提琴
是一對熱戀中的人
弓與弦分分離離
把時間塑成一尊雕像
擦音提示
生命有不同的節奏
比如秋天的斜陽
收束了熱情和光芒
電線杆上孤單的麻雀
眼睜睜看著
收割後土地的荒涼
稻草人仍固執地
在寒風瑟瑟中站著

慢板只是
拉長了中年人的閒愁
落葉的猶豫
流水的不知去向
還有用指尖緊按著的
大提琴額上的點點淚光
……

10.07

# 呼　吸──聽聖桑的
# 大提琴曲《天鵝》

魚游在水裡
天鵝飛在天空
心放在心上
弓貼在琴弦上
生命的自然呼吸

水裡有污染
魚翻起了白眼
天空有霧霾
天鵝垂下了翅膀
心迷失在外
生命的呼吸急迫
琴弦該怎麼訴說

10.08

# 秋天的況味

秋天的味道
是在西風吹響以後

當陽澄湖螃大蟹脫離水面
被五花大綁押上飛機
解送到千里之外
它不知道這是一種現代方式
季節的美味，綿綿的鄉愁
以及生命註定的悲哀
都可以打包傳遞

完成了一生最後的洗禮
它沒有心思想像自己
像烈士一樣英勇就義
也不指望鳳凰般的浴火重生
它只想安靜地離開
如果還有多餘的請求
那就是吃它肉的人
千萬不要把它寫進詩裡

10.20

# 秋刀魚

小時候的長江刀魚
六毛錢一斤有點兒貴
但一年總能吃上幾回
如今的刀魚是真正的魚刀啊
魚起刀落不見血
嚇得好這一口的人民食客
都紛紛落荒而逃

那就改吃秋刀魚吧
特別是在秋天的季節
比不上長江刀魚的細膩鮮美
但秋刀魚也有閃著銀光
柳葉刀一般的身材
如果你烹調方法得當
它的樸實醇厚餘香綿綿
也會讓你有小小的陶醉
還會讓你忘記長江的狹長
讓你想像大海的遼闊

這樣的味道加上這樣的心情
秋刀魚的價格真情不貴　　　10/22

# 海　邊

海邊的樹
秋天吹亂了的頭髮
風，在任何一個季節
都是煽動情感的高手
群山因為遠離事實
只能默默無語
而海水早已按耐不住
它在用浪花的溫柔
安撫堤岸的堅硬
海邊的樹
你是否聽懂了海濤的節拍

10.30

# 竹子的披頭散髮

有胸襟的古人說
君子不可一日無竹
大概是在竹子那裡
他看到了自己

今天我與竹子相遇
它一副披頭散髮的樣子
莫非是在我這裡
看到了它自己

一陣涼風習習而來
我和竹子同時打了個冷顫
一邊的三角梅
卻旁若無人地開著

11.3

# 下　午

兩隻鳥結伴而來
在窗臺上擺起了龍門陣
不清楚它們的關係
聽不懂它們的鳥語
不能加入它們的談話
但至少這麼一個下午
世界不能說是孤寂

我不想打擾它們
只是在一旁靜靜地欣賞
但無意間目光相遇
一隻鳥飛走了
另一隻也跟著飛走了
我沒有翅膀
只能在時間裡枯坐著

11.08

# 空虛的椅子

一把積滿灰塵的椅子
一個秋天的女人
兩件不盡相同的事實

椅子有四條腿
但不會自己走路
女人會走路
但路上的人太多了
走著走著路就走沒了

現在，女人放棄了走路
她安靜地坐在椅子上
倚住靠背
椅子上的塵埃已被抹去
椅子有了份量

就這樣坐到彼此骨頭散架
骨頭灑落在塵土裡
塵土又被捏成
詞語的雕像
然後化為烏有　　　　　11.12

# 雨

黃昏的雨
帶著本地人說話的腔調
不緊不慢地
在屋頂和樹葉的鍵盤上
彈著初冬的小夜曲
催我入眠

一覺醒來
雨還在繼續
我知道雨是不會偷懶的
但這樣沒完沒了
倒不如暫停片刻
我們一起呷茶
順便聊聊北方下雪的事

11.13

# 寫給世界的喧囂

我慶幸是天生的聾者
我只用眼睛去感知世界

天空的蔚藍，湖水的碧綠
桃花的粉紅，梨花的雪白
我都看得很真切
即使是在黑夜
也看得清樹的形象，山的輪廓
長長的小巷
一對愛人的背影越走越遠

但我卻聽不見溪流淙淙，歌聲嘹亮
雷的吼叫風的咆哮
磨刀霍霍與子彈出膛
還有鳥語犬吠，鬼哭狼嚎
腦白金的廣告，領導英明的發言
在我的眼裡
不過是一幅幅會動的畫面
如果不喜歡
只要閉上眼睛
心裡就似止水一般

如果人類沒有了耳朵
世界是不是不再喧囂
心靈是否也會安靜許多

11.18

# 寒　潮

鳥的聲音凍結在半空
這樣的意象過分古典
事實上的天空是
飛機的轟鳴掩蓋了一切

土地都成了不動產
城裡人喜歡在地下聚集
彎曲的小路通往鄉間
老人懶得抬頭看天
跟著狗的腳步回家
他們的信任多年未變

空氣中的熱情突然消失
寒流表達了來自北方的威嚴
氣象學的概念在擴散
溫度上先行限購
然後實行感覺的統一

有翅膀的鳥飛出了畫面
路邊樹的神情有些低落
水管爆裂，自來水公司忙著開會

電話總在這時占線

北方已經是白茫茫的世界
南方在堅持著不下雪

11.24

# 櫸　樹

老屋前的那棵櫸樹
跟爺爺同齡
跟爺爺一樣飽經風霜
爺爺說櫸樹實心材硬
狠狠心伐了
打了一套二姑的嫁妝
跟著二姑遠走他鄉

那一年，老櫸樹留下的坑裡
父親親手又栽了一棵
那一年，一個新生命呱呱落地
從此，年輕的櫸樹
陪伴一個人走過童年和少年
一直到某年的九月
一直到他去了很遠的地方

今天，我夢見了很多的櫸樹
卻沒有老屋前的那棵

初冬的櫸樹都很美麗
但那棵櫸樹卻無法代替
還需要做多少回夢
才能見到你

11.23

# 公園一角

閒情逸致的椅子
享受著天之藍草之綠
還有溫情的陽光

兩隻小鳥逕自
飛臨椅子的靠背
旁若無人
就像回來家一樣

哦，這裡雖然安排了人的位置
卻原來是鳥兒們的家鄉
如今主人來了
不管有什麼理由
人類都得禮讓

11.26

# 有一場雪下得正緊

雪從四面八方來
紛紛揚揚的雪花啊
在京城的上空找不到北

矯情的詩人們
以為是飛雪迎春到
以為是瑞雪兆豐年
滿眼的千樹萬樹梨花開放
不是春天勝似春天

但雪就是雪
因為寒冷才把淚水凝成
雪沒有味道
即使有也是苦澀
雪的重量是看不見的
當所有的雪聚在一起
鋼鐵煉成的建築也會壓垮

這雪下得正緊
掃雪的隊伍已經出發

11.28

# 木　頭

我叫樹的時候
在刺骨的寒風中
你擁抱過我
抱得那麼緊
抱得我喘不過氣來
現在，我被叫做了木頭

褪去了古舊的衣裳
在刺眼的燈光下
我的紋理清晰
我的肌膚光滑
一雙挑剔的眼睛
一遍又一遍地看我
一隻粗糙的手
從我的身體一遍又一遍掠過

我知道那不是你
你只有對樹的記憶
你需要的是擁抱的感覺
而現在我叫木頭
你會擁抱一塊木頭嗎　　　　12/1

# 致異鄉人

人群湧向荒蕪的原野
一匹古老的汗血馬
從大漠踏雪歸來
來自北非的角馬成群結隊
向著新綠的草原進發

兩個種類的馬互不相遇
但都留下足跡
空間敞開了胸懷
時間被馬踩成了碎片

馬的血液已經抽幹
懸掛在了白色的牆上
法蘭西人放下煙斗
順手給馬加上
一副語言的鐐銬

馬復活
驚慌地從詞語中逃逸

12.04

# 當我老了

當我老了
那條筆直平坦的小道
在我的腳下變得
彎彎扭扭高低不平
就像走過的人生坎坷
但我堅持走著
跟以前一樣目光堅定

當我老了
窗臺花的鮮豔變得模糊
園子裡的鳥聲不再清脆
不必沮喪
只要心靈不老
色彩和聲音依然年輕

當我老了
頭腦裡常常一片空白
該記住的事轉眼就忘
但童年時芝麻大的趣事
青春期愛與被愛的彷徨
好像就是昨天的事情

當我老了
我要用拐杖去點擊詩行
用輪椅來轉動音響
讓幾根銀髮飄動思想
讓手的顫抖作別往日憂傷

當我老了
所有的風暴都已平息
微風是一把柔順的梳子
把黃昏梳理得平和清靜
然後溶入夜的蒼茫

12.05

# 冬天的祭奠

在這粉紅的年代
已經不需要用白骨
來裝點什麼
那雪白的骨頭
它有雪一樣的白
卻不跟雪似的沒有重量

雪在天空胡亂地飛
白骨安靜地躺在土地的懷抱
它在用地下的清泉
擦洗歷史的污垢
用黑暗來抵擋入侵的陽光
它在陽光下死過一次
它不想再有第二次

陽光燦爛的日子
雪花死無葬身之地
那白骨安靜地躺在
大地的懷抱長眠

12.08

# 悲歌：哭恩師

今天是入冬以來
最冷的一天
幾天前就看到天氣預報
但還是不敢相信
江南的這股寒潮
會冷到骨頭

大樹轟然倒下
大地死一般寂靜
驚恐的鳥兒四處飛散
喉嚨凍結
眼裡噙滿淚水
廣闊的天空
無法覆蓋
萬物蕭瑟的悲愁

陽光穿過掩緊的窗戶
瓷器似地碎落
與生俱來的寒冷啊
那是悲哀的雪片嗎
南方的一個角落

風壓低了嗓子
對著江南行過注目禮後
屈膝而哭

12.10

# 立　場

每次看
獅子與野牛爭鬥
不管結局如何
我的立場
永遠站在野牛這邊
因為一個吃肉
一個吃素
這就是理由

12.21

# 松林寺

冬至日
重訪松林寺
不是來尋訪茶花的雪白
也不是來觀賞三角梅的紅豔
牽記的是去歲
在寺院長廊偶遇的那條
帶憂鬱表情的雜色小狗

寺裡的僧人總是不緊不慢
課餘的木魚也篤定氣閑
香煙繚繞塵世的前緣
微風吹過長廊
空蕩蕩一片

離別的時候
沿著石級往下走
一個熟悉親切的身影
是那條雜色狗

神情還是去年那般
但從它清澈的眼睛裡
看到了憂鬱的單純
已經融化了廣闊的藍天

12.23

# 斷　章

通向春天的道路
刷上了一層厚厚的柏油
一望無前的黑
道路兩旁
正值中年的榕樹
都死在了冬至以前

沒有了樹的遮掩
隔岸的風景已經裸體
如果你還看不明白
得去淘寶買明目貼
或者乾脆去眼科醫院

風景不會言語
意味著它從來不說謊
錯誤肯定在自己一邊
黑夜曾給過你
一雙黑色的眼睛
現在是大白天
還有什麼理由
不把對面的風景看穿　　　12/28

# 鏡　子

我無意間走近鏡子
我遇到了我自己

那是一面普通的鏡子
反映的也是平常的我
我的面目略顯蒼涼
像南方荒蕪的小鎮
皺皺巴巴的表情
猶如字跡潦草的文章

我不想在鏡子面前久留
我擔心鏡子會突然粉碎
或者空間一下子變得漆黑
我扭轉身子
鏡子裡的我也背對著我
我大步流星而去
鏡子裡的我也隨之消失

從此我不再靠近鏡子
也不想再看到自己的模樣
在時間的目光下

我有了一些古怪的想法
那沒有鏡子的年代
日子是不是過得更坦蕩

12.31

# 叁、2018 年

# 春天的出發

二零一七年的火車到站
乘客們紛紛落車
匆匆地去搭乘
二零一八年的第一班高鐵

車窗外寒風刺骨
車廂裡早已經是春天
女人們急不可耐地
從裡緊的冬天的外套裡
翻出雪白的毛衣高領
男人們爭先恐後
擼起紅色襯衣的袖管

雪亮的路軌
制定了前行的路線
一條條長長的白色巨蛇
穿行在時間的肋骨上
一節又一節的痛與快
火車呼嘯而過
我趕忙捂住耳朵
拯救曾經失聰的聽力

在火車轉彎以前
我已預約了春天的四輪馬車
找個空閒
沿著故鄉的鄉間小道
瑀瑀獨行

01.01

# 雪　國

一夜之間
雪統治了大半個中國
色彩斑斕的人間
只剩下了一種顏色

雪是快樂的
從圍著紅圍脖的雪人
到打雪仗撒下的
孩子們梅花般的腳印
我希望雪能多住幾天

雪是悲哀的
那些眉毛鬍子沾著雪花
在野外為生存勞作的人
那些在街頭打著寒顫
冷到骨頭的人
我真希望雪立馬消失

我知道我的這些願望
在漫天飛舞的雪花面前
是多麼的渺小無力

白茫茫一片
雪我行我素地
統治了我們的國
誰來統治雪

01.03

# 濕漉漉

年輕的枝條濕漉漉的
通往溫泉的青石板路濕漉漉的
池子裡開出一朵濕漉漉的秀髮
房間也因此濕漉漉一片

遙遠的北方
一匹老馬冒著大雪
一路走到天黑
馬的眼睛濕漉漉的
但是沒有人看見

01.06

# 今天的雨

坐在窗前看風景
耳聽得外面雨紛紛

紛紛的雨
由著性子的雨
淅瀝瀝嘩啦啦
沒來由亂來一氣
一會兒大一會兒小
一會兒下一會兒停
雨啊，你不看看
這是誰家的天空
雨啊，你端的是何居心

好雨知時節
當春乃發生
立春以前
雨啊，你橫什麼行
今天的雨
我給你差評

01.07

# 忍冬花草

忍冬花草就是那些
在冬天裡快樂生長的花草
（溫室裡的除外）

一大波寒流襲來
拋頭露面的人
免不了說幾句天氣的壞話
苦風淒雨中
那忍冬花草葉綠花紅
依舊個鮮豔

在南方，多的是這樣的忍冬花草
我叫不上它們的名字
但每每看它們神氣活現
心裡就犯嘀咕
如果把它們移到北方
它們真的能活過冬天

01.10

# 愛情故事

聽年長者敍述
年輕時候的愛情故事
就像聽春天的雨
弄濕了梅花的身子
好雨知時節
暗香疏影裡
註定要發生的事
總會發生
不然杜子美和林和靖
用什麼來寫詩

01.12

# 致敬梵古《星夜》

星旋轉
山巒旋轉
絲柏樹旋轉
聖雷米村旋轉
天昏地暗的旋轉
似漩渦裡一葉桅帆

金黃的色調
不屬於今天的夜晚
藍的冷
藍的酷
藍的明與暗
藍色的火苗
切割了
瘋狂的世界
灼痛了
文明的燦爛

風停止呼吸
月亮退出了舞臺
教堂的塔頂

尖叫著刺破天空
怪獸般的絲柏樹
想掙脫長夜的孤單

藍色不忍寂寞
它在翻滾
它在燃燒
它要將今天的夜
進行得比天空與大海
更冷更藍

01.13

# 造了幾碗句子

一根大河筆直
一條頭髮烏黑
一隻魚在大河裡游泳
一粒風吹散了頭髮
一匹鳥高高在上
一頭螞蟻迷失了方向
一泡子彈在飛
一支蘋果從樹上落下
一杆聲音著了火
一坨領導指手畫腳
忙壞了一串下級搖頭擺尾
一八年的第一筆金毛狗入場
一床的掌聲稀裡嘩啦
剩下的一堆量詞目瞪口呆

01.15

# 一隻貓叫響一個春天

聽到了貓的小夜曲
雖然冷還在繼續
但冬天的死亡已不可逆轉

在吸收了充分的陽光後
在新房的燈光熄滅後
一隻公貓扯開嗓子
所有的母貓豎起耳朵
所有的狗都沉默
連驚慌的梅花
花瓣也撒落一片片

大地伸了一下懶腰
還想接著小睡一會兒
但貓的歌聲太雄亮了
聲音統治了整個夜空
唯一能與之叫板的
是鄰家新生二胎的啼哭
那是屬於另一種春天

01.17

# 致一位老詩人

詩人老了
連詩也跟著老了
詩的骨質疏鬆
很多骨頭已經壞死
勉強寫的那些
嚴重缺鈣的句子
在風雨飄搖裡
一副抖抖瑟瑟的樣子
曾經的風骨
就這樣被風刮走了嗎

人老了
趕不上時代的趟了
那就棄筆從心
做些自己喜歡做的事情
只要堅守著一把老骨頭
有時候不寫詩
才是一位真正的詩人

01.20

# 爲狗年而作

一直以為
狗的自由就是
一年四季可以不穿衣裳
不象人類穿穿脫脫
生出無窮麻煩
還白白浪費金錢時間

在人民的廣場
看到一隻金毛狗
穿一件鮮紅的背心
戴一條銀色的項鏈
它身旁的女主人
跟它有同款的打扮

犧牲不穿衣的自由
標誌著狗
已踏進文明的門檻
只不過因為內急
在大庭廣眾之下
舉起了一條後腿
露出了一點小破綻

看起來，在夢想的路上
還任重道遠

01.21

# 月夜歸

月亮走我也走
我走月亮也跟著
我走到了水窮處
月亮也停下了腳步

現在我回到家了
月亮還在天空掛著
拉上窗簾以前
忍不住又看了窗外一眼
月亮的家在何處
歸途上會不會有
重重的霧霾

01.23

# 雪　語

雪飄落江南
全晉會館
枯坐難消暮寒

敲門的聲音
友人帶來雪意和七點鐘
一杯清茶
兩句閒話
不知幾時風停雪眠

江南今又大雪
人在嶺外
苦雨更兼風寒
友人寄來雪意和晚風
還說當年

02.01

# 關於翅膀

世界上一共有多少種鳥兒
（趕緊百度一下）
有八千七百多種呦
不關心它們有什麼不同
只知道它們都有翅膀

但有翅膀的不一定能飛
比如魚也有翅膀
雖然有營養賣得很貴
卻只能在水裡面風光
據說最初的人也有翅膀
不過因為進化了兩條腿
翅膀便退化成了兩隻臂膀

人總羨慕鳥兒飛翔自由
但天網恢恢的國度
有了翅膀說不定早被掛了
還是老老實實直立行走
或者趴著走也行
實在想飛就在夢裡飛一回吧

01.23

# 雪　後

雪後的穀場上
我用一小把米
加一根繩子和一面扁籮筐
逮住了一隻來覓食的小麻雀

麻雀畏縮在我的手掌
它的身子暖暖的
它的心臟砰砰直跳
我有點兒驚慌
手稍微地一放鬆
麻雀就逃走了
後來，我再也沒逮過
任何一隻麻雀

01.29

# 老錢粿條

城新西街有三家粿條店
第一家的老闆姓錢
他炒的粿條爽滑可口
是我喜歡的味道
每次吃粿條
一定會去老錢家
不知不覺已經三年

中午去吃粿條
到了老錢家的門口
突然閃出一個念頭
快步去了第二家
想在那兒嘗個新鮮

吃粿條的時候
瞄了一眼電視節目
好像在播一條出軌的事件
粿條吃完
心裡覺著些不自在
我沒有原路返回
因為生怕會遇上老錢　　　　2/4

# 紅燈記

喝了兒子買的腦白金
爺爺滿臉紅光
忍不住亮起了嗓子
臨行喝媽一碗酒
渾身是膽雄糾糾
唱得是真那個兒爽

打遊戲的孫子問
爺爺唱的是啥玩意兒
奶奶說是《紅燈記》
孫子聽成了紅燈區
向爺爺豎起了大拇指

爺爺強壓怒火與悲傷
抬右手作舉紅燈狀
面色嚴峻聲音低沉
他奶奶，你得給咱家孫子
痛訴痛訴革命家史

02.05

# 枇杷樹

園子角落裡
原來有兩棵枇杷樹
當初一起從鳳凰山移栽而來
可惜那棵生病夭折了
只剩下這孤獨的一棵

這棵枇杷樹
今年已經五歲了
它的個子很小
沒有開過花結過果
但一直青枝綠葉健健康康

角落裡的枇杷樹
看不見外面的世界
沒有人催著
它自己也不著急
在這個急匆匆的年代
慢慢地生長
該也是一種優雅
這當然屬於自說自話

2/6

# 天　堂

木匠哥一清早就出門
他要趕在天黑以前
修理好天堂的窗戶
天堂裡沒有暖氣
窗戶又壞了一大半
怪不得高處不勝寒

天已昏昏
木匠嫂的飯菜熱了三遍
終於等來木匠的微信
說已經吃了饅頭稀飯
因為天堂的門檻被踩爛
需要連夜加個班
木匠嫂一臉懵鼻
想不到天堂也這麼寒磣

02.09

# 看　雲

我已走到了水的盡頭
接下來應該是坐看雲起
但等了很長時間
依舊是晴空萬里無雲

不是什麼時候都能遇著雲
遇著了也不一定是王維的雲
即使是王維的那片雲
還要有跟他一樣的心情

02.10

# 亮　了

夜晚，一個城市亮了
蜿蜒的山
寬闊的江面
橋樑城垣
亭臺樓閣
行人的笑容
該亮的都亮了

暗淡已久的城市
突然間華光溢彩
很多人意外
很多人不習慣
但亮的事實
表達了城市
嚮往光明的夙願

點亮城市
更需要點亮人心
那需要有更多的光源

02.11

# 蔥的狂想曲

園子裡栽了蔥
一青二白一字排開
無論胖瘦高矮
都氣宇軒昂立地頂天
這是我的蔥林
不，應該是蔥嶺

恍惚間我看到
那如蔥的大唐的手指
撩過了帕米爾高原
帝國的風雲捲土重來
但蔥嶺以西
怛羅斯的馬蹄
碎在了琵琶的弦上
那如蔥的手指
撫摸斜陽的背影
蒼茫雲海
明月不照蔥嶺暗

炊煙又起
苦瓜湯熟了

撒一把蔥花吧
掐哪一根蔥
就掐那根長得高的

02.13

# 過　年

過年了
城裡的人帶著他們的狗
大老遠來鄉下拜年
履行完拜年儀式
找不到更多的話說
紛紛掏出手機
各自消費各自的時間

院子裡頭
城裡的狗和鄉下的狗
一見如故好生喜歡
它們嗅到了年的味道
親親熱熱共用狗年的快樂

02.18

# 碧螺春

喝慣了單樅
喝上一回碧螺春
竟然喝不出什麼味道
無聊看著白色玻璃杯中
碧螺春身材婀娜
象少女的花樣游泳
碧螺春的清香
也讓我收緊了鼻子
但舌尖上的感覺
卻不再是從前的了

故鄉的朋友講起喝茶
說他早已改喝金駿眉
現實中的油膩太多
碧螺春太淡了
喝了就跟沒喝一樣
清淡的事物
有清淡的生活才能生長

誰叫我們都變成了重口味
我知道他是在給我安慰
但望著那杯涼了的碧螺春
我必須虛心地接受

　　　　　　02.22

# 你算是哪根蔥

一片蔥林
有的低頭彎腰
有的昂首挺胸
大家都活著
大家也都會死去
沒有那根蔥會不朽
除了蔥的名字

習習微風吹過
蔥們都點了點頭
好像聽懂了我說的道理

03.10

# 魚　說

相忘於江湖吧
但江湖已經遙不可及

那就做成一鍋魚湯
既然在水中生
好歹也得在水中死

千萬不要油煎
那樣我會翻白眼

3.14

# 笑　話

大舞臺
一位很有名的人
正在認真地講
笑話

他表情豐富
講到高潮的時候
停頓了一會兒
他在等待
掌聲

一陣靜默過後
他的耳朵鑽進來
一個聲音
滾

03.16

# 陶　罐

細節經過醃制
終於能長久地保鮮
這一隻土色陶罐
給予了思想
一個恰當的形式
但一旦落入夜色
事實被一點點掏空
喘息之後
主題也徹底地瓦解

03.24

# 午夜蚊子

夜深沉
一隻蚊子突襲我臉
毫不手軟
一巴掌掄起
蚊子逃得賊快

睡意全無
等待蚊子捲土重來
果不其然
嗡嗡的聲音
在我的領空盤旋
時不我待
雙掌以迅雷之勢
蚊子頓時粉身碎骨

犯我臉面者
雖遠必誅
這樣淺顯的道理
可惜跟蚊子說不明白

03.30

# 照拆不誤

有了只叫初心的貓
老屋多了些聲響
老人也少了許多寂寞

有了老人和老房子
初心也就有了家
不用到野外去翻撿吃的

現在，老屋上寫了個拆字
老人被人想辦法弄走了
只有初心
還在那老屋裡守著

03.31

# 秋　菊

小園裡移栽了幾株
在野外被遺棄的秋菊
每天給它們一瓢水
每天給它們一聲問候
終於它們都挺直腰杆
舒展了眉頭

現在是春天
離開花的季節還早著呢
不管到時花開成什麼樣
只要健健康康地活著
它們就都是
這世上最美麗的菊花

04.03

# 致

隔著泥土
我聽到了熟悉的聲音
我有點兒懷疑耳朵
我把手指插入土中
我要親手掂量
聲音的真實

泥土的溫度
讓僵硬變得柔軟
蘇醒了手指的神經
現在我確信
泥土下面有一個
溫暖的國度
那裡雪飄不到
也不會有風吹雨淋

04.04

# 牛骨頭

骨頭來自牛
鮮血淋漓中
剔除了筋和肉
再被機械切割成段
在一口大鐵鍋裡
經過十二小時的燃燒
熬成了一鍋雪濃湯
完成了骨頭苦難的歲月

骨頭的身上
已看不到生命的痕跡
但骨頭的潔白堅硬
時間卻難以將其磨滅
不象那些人的骨頭
只不過一把火
就化為粉末

04.05

# 下雪四月天

三十年前的四月
帝京突然降雪
百年不遇的奇觀
人們歡呼雀躍
紛紛湧上街頭
去追逐雪花的快樂

三十年後的四月
帝京又開始下雪
人們透過玻璃窗
望著雪花東奔西走
一時找不著了北
原來是此雪非彼雪

04.05

# 鳥　事

一群烏鴉聚集在
黑色的枝椏上
用烏鴉國的官話
宣講跟黑有關的文件

一隻白色鳥路過
想湊個熱鬧
被烏鴉們一口拒絕
我們不懂你的白
你也不會懂我們的黑

白色鳥哈哈大笑
我們同是鳥
只不過分享了自然的一點顏色
哪來有這些黑白之辯
烏鴉國鳥人太多
一點兒也不好玩

04.08

# 春天的病句

趕在五月之前
所有的花都在
爭著向春天獻媚
突然，一聲巨響
我的爆米花開了
飄著香味撒了一地
樹上的花盆裡的
江湖上的廟堂裡的
花們都大驚失色
它們異口同聲
這是誰造的春天的病句

04.11

# 風　景

每天每天地看風景
終於把風景看老了

直到有一天
一隻小兔到風景裡來吃草
多麼綠油油的青草啊
讓我想起了風景的童年

還是那片風景
但看上去真得很年輕

04.12

# 貓　王

看到了貓
想起了貓王
想起了在
二手的 Walkman 裡
聽他的歌
越聽越孤獨
越孤獨越想聽
那金屬與肉聲的撞擊
成了我的音樂口糧

現在聽昆曲
最撩人春色是今年
那緩緩的節拍
只合天上有
讓人一下忘了現實
但偶爾聽一次貓王
多少找回來些
從前的感覺
想起了某年某月的某一天

04.14

# 對烏鴉的信念

為了證明
天下烏鴉不是一般黑
只要烏鴉出沒的地方
都會有他的身影

經年累月
他從一個詩人
變成了一個鳥類專家
烏鴉一般黑的頭髮
上面撒滿了霜雪

耗盡心血
也沒有發現一隻
哪怕帶點兒灰的烏鴉
他承認自己完敗
但決不會把黑說成是白

04.17

# 樹與石頭

樹是有記憶的
你看，河邊的那棵小樹
長得又高又粗
身體上添了幾道傷痕
額上都生出了皺紋

石頭是沒有記憶的
幾十年前的那塊鵝卵石
還是從前的模樣
即使你把它敲碎
碎片裡也翻尋不出
歲月的的蹤跡

夫子在岸上感慨
逝者如斯夫
樹聽了有點傷感
但跟石頭無關

04.19

# 四　月

白色的山楂花
把春天穩在了枝頭

山楂樹之戀
感染了四月所有的事物
從黃昏到子夜
貓一直在練習詠歎調
是那首《冰涼的小手》
狗放棄了抓耗子
整日裡在微信裡碼字
意外收穫了遲暮的愛情
好一派春意盎然啊

對岸的人
爭相用石頭砸腳
潮水已經漲上來了
架橋的事
等到山楂紅了再說

04.22

# 懸　崖

一直不明白
馬為什麼執意
要衝向懸崖

左右萬丈深淵
似一面鏡子
擦亮整個天空
馬屏住呼吸
然後一聲長嘶
四月的花都震落下來

浮雲適時到達
馬騰雲而去
原來是一匹神馬

04.23

# 擺　攤

在東興路擺了個攤
賣一些手信小吃
今天的天氣忒好
順便把潮濕已久的
思想好好曬一曬

兩位制服悄無聲息
來到我的跟前
「這裡嚴禁擺攤
賣的東西全部沒收
曬的那玩意兒
趕緊收好妥善保管」

和顏悅色說完
還扔給我一個黑塑膠袋
多麼細心體貼的城管
先給他們點個贊吧

太陽快要下山
拎著那點可憐的思想
沿著東興路
我一直走到天黑

04.24

# 寫在春天的最後
## 一次寒潮

穿上 T 恤和短褲
日子是裸露的肌膚
多麼地輕盈光滑
但一場來自北方的寒潮
不得不把收起的毛衣召回

忽冷忽熱的天氣
從來沒有靠譜的說法
人們的時間和心思
都用在了脫和穿
都忙著傷風感冒

今年的春天
到底是誰家製造
提供的是啥破品質

04.25

# 馬

白馬或者黑馬
馬雲也可能是馬化騰
一筆寫不出兩個馬
但馬確實有多個寫法
繁體簡體異體的
用手指沾水
可以寫出四匹馬
但公孫龍的馬
還是被擋在了城外

城頭正在演習
飄揚著大王孤獨的旗幟
木馬踢傷了城門
走馬燈照在荒涼的街衢
猶猶豫豫的細雨
怎敵它晚來西風瘦馬
但此馬真的是馬嗎

04.26

# 即將逝去的春天

就輕輕地
撫摸了一下春天的身體
甦醒的情感暴漲
困頓的思想氾濫
警戒線卻溺水而亡

在水底憋得太久
借著春情勃發
水軍探出頭來
揚眉吐氣
有幾個大膽之徒
居然伸出醃過的手
去掀國王的新裝

國王矜持而不失風度
左手扣緊風紀扣
右手一個螳螂拳
麥子初黃
春天落荒而逃

04.27

# 杯　子

一隻抽象的杯子
被詞語擊中
碎片撒落一地
杯子的形式還在晃悠

小心收拾殘局
碎片不會割傷手
但形式的陰影
卻讓你倍感虛無

04.28

# 致胡邵

五十年前的今天
五分錢的子彈
一聲槍響
埋葬了一個春天
大地從此蒙上洗刷不盡的罪惡

想想江南四月
那絕望的花朵
在黑洞洞的槍口下
風中最後的搖曳
春天是柔軟的
江南是柔軟的
江南的女人是柔軟的
但柔軟並非是軟弱
軟組織裡照樣有硬骨頭
倒是那些槍背後的黑手
你們是否有過絲毫的顫抖

今天又看到你的面容
我流下了眼淚
那是對倒下的春天的懷念
也是對春天復活的祝福

04.29

# 思想的驢

左邊是一堆青草
右邊是一堆青草
布林丹驢正在考慮
先吃那堆草為好
最後因為饑餓
那頭有思想的驢
死在了兩堆草的中央

我們都是驢
生命中也總會有青草
所有的驢都活著
因為我們不需要思考
除了可憐的布林丹
一頭有思想的驢
肯定不是真正的驢

05.01

# 江南的麵

大儒巷有爿小麵館
單身的辰光
常去那裡叫上一碗陽春麵
逢到手頭活絡
也會來一份單澆燜肉麵
後來認得了小娘魚
每次都點燜肉爆魚雙澆麵
雖然錢有點兒扎手
但味道好的沒有閒話講

小娘魚升格成了家主婆
夫婦倆常常去吃麵
楓鎮大肉面奧灶麵
爆鱔麵塘片麵
三蝦子麵凍雞麵
江南的麵差不多嘗了個遍
但味道總比以前差些

又專門去了趟大儒巷
小麵館已換成了奶茶店
奶茶妹妹很標緻

長得像小娘魚從前的樣子
奶茶很熱也很甜
但不是我想要的口味
也罷，吃不到從前的味道
心裡存一份念想
也算是麵麵俱到吧

05.01

# 麥　地

在麥子金黃的時候
講起了鐮刀的事
剛剛還腰杆挺直的麥子
一下子耷拉著腦袋

麥子兄弟
你的憂傷我懂
但我還得告訴你
比鐮刀更鋒利的東西
已經走在了路上

等不及月光降臨
麥地已是一片慘白

05.02

# 門和鑰匙

朱紅的大門
上了一把沉重的鎖
鑰匙不翼而飛
鎖門人也不見了蹤影
門每天傾聽腳步
但都是些過路的人

三十年後
春夏之交的晚上
一位蒙面的不速之客
舉起了瘋狂的斧頭
鎖一聲慘叫
門經受了痛和幸福
終於打開了自己

05.07

# 後石器時代

小男孩扔出石頭
水面泛起漣漪
這是他最初的作品

面色凝重的人
激流中撸起褲管
他們在摸著石頭過河

對岸的人形跡可疑
他們高高舉起石頭
為什麼偏要砸自己的腳

後石器時代
打磨完石頭的堅硬
還要雕刻石頭的神經

05.08

# 論　語

子貢問夫子
我夢見了一個
硬棒棒的
又灰又白的顏色
不圓不方
鐵一樣的心腸
海枯了才會爛
有人摸著它過河
有人拿它砸自己的腳
那是個什麼東東

子在川上曰
那是跟你的腦袋
一樣的玩意兒
如果還不明白
繼續做你的夢吧

05.14

# 肖斯塔科維奇的等待

他用五分鐘的時間
就完成了一支曲子
他用滿了五個小時
那份死亡名單還沒有看完
他肯定上面有自己的名字
但不知道是在哪一頁
在倒下去之前
他開始了一生的等待

他每天感覺
有人正在他的名字上打勾
直到早晨太陽升起
才能確定是新的一天
他的生命還在
槍聲終於沒有響起
那份名單也不翼而飛
但他已經無法忍受
這無窮無盡的等待

直到他自己走進了墓地
只有在那個地方
他可以自由呼吸
肖斯塔科維奇

05.15

# 光芒：致敬福柯

權利是一面旗
塗上真理的顏色
旗往哪個方向飄
頭髮也得跟著

福柯，沒有頭髮的你
你決定自己
光頭的光芒淬煉成鋼
鋼刃鋒利把旗切成碎片

德國人的死腦筋
遭遇法國人的神經刀
巴士底獄又一次攻陷
旗碎成雪片飄落

05.17

# 顏　色

綠色收復了原野
開始向著深綠發展
純粹是季節的事情
跟對岸無關
但顏色有時會攪亂一些東西
讓有的器官變得敏感
這也應該是事實
看多了綠
那就再看看天空
看看海面
一望無際純淨的藍
如果不止一個色彩
世界是否會更加耐看

05.16

# 況　且

綠色蜥蜴
爬過江南的腹部
一路向北
每小時六十公里
望亭無錫洛社⋯⋯

況且況且況且
子規的聲音漸遠
況且況且況且
聞著了異鄉的味道
原先的夢
是否還可以繼續

05.18

# 燕雀鴻鵠

燕雀妹眼巴巴望著
鴻鵠哥一飛沖天
她終於明白什麼是天上人間
從此安心賣她的奶茶

依靠翅膀的堅硬
鴻鵠和阿根廷巨鷹
高加索禿鷲
組合成天空英雄聯盟
他們只要咳嗽一聲
所有的山峰左右搖晃
太平洋也變得不太平

但北溟的冰開裂
南溟的水已適合洗溫泉
鯤鵬從冬眠中醒來
抖動了一下翅膀
巨鷹禿鷲望風而逃
天空痙攣成閃電狀
倖存的鴻鵠花了一個季節
還沒測量完陰影的面積

燕雀妹發了條微信
鴻鵠鴻鵠胡不歸
這裡有你奶茶一杯

05.19

# 爬　行

一隻失去飛翔的蜻蜓
從八層樓高處自由落體
它沒有受傷
因為它的身體不夠份量

如果是一隻知了
如果是一尾鳥兒
如果是一個好不容易
爬到這麼高地方的人
也會有這樣的幸運嗎

看著蜻蜓在地面艱難地爬行
驀然間大地抖動了一下

05.21

# 大清洗

大清洗的年代
離不開一個洗字
洗臉洗手
洗腎洗肺
洗完形而下
還得形而上洗心洗腦
身體內外洗個底朝天
是人原本太髒
還是環境過於污染

想想從前的漁父
用滄浪清水濯纓
用滄浪濁水濯足
洗完就睡
好夢一直做到天明
人生就是那麼簡單

05.23

# 李 耳

耳朵裡住進兩隻蟋蟀
左耳一隻右耳一隻
嘶嘶嘶嘶叫個不停

山泉的溪流淙淙
枝頭的燕雀爭鳴
路上的車輪滾滾
遠方的殺聲陣陣
領袖的慷慨激昂
僧尼的敲木魚念經
耳朵外邊的聲音
一概都聽不太清

原來是得了耳鳴
這也是一種病
不用去看醫生
吃八粒知柏地黃丸
每天吃三次
效果還行

05.24

# 淚　滴

雨點落在
堅硬冷漠的廣場
粉身碎骨
如果落下的是淚滴
命運也是一樣
但淚滴畢竟是淚滴
它有溫度有靈魂
天空中所有的雨點
都比不上
一粒淚滴的珍重

回憶中的淚滴
它使花朵淬煉成刀的鋒利
也使滾燙的槍管頃刻啞火
它哭倒了始皇帝的長城
也使凍僵的土地復甦

浪漫時代的往事
如今卻不堪回首
因為生活早已不相信淚滴
即使淚如雨下

即使下了幾十年
也只能是白白地流

05.26

# 箭與弦

箭在弦上
與弦作最後的吻別
出發的時間越近
心就越發震顫

此去而不復返
卻不是想去的地方
箭寧願在空中胡亂地飛
也不忍給他者無辜的傷害
但弓手完成瞄準
命運無法更改

弦上有箭
最後的生離死別
弦後退一步
咬緊牙關
把箭推向無邊的深淵
弓手舉弓歡呼
弦昏眩

05.27

# 布拉格之春

布拉格廣場的天空
迴蕩著
捷克和斯洛伐克語言的聲音
即使是
坦克的轟鳴
也無法淹沒
子彈的穿梭
也無法擊落

多少年以後
在一片更廣闊的土地
夜色溶盡了烏鴉的翅膀
所有的飛翔終止
曾經偉大的吶喊
粘在了喉嚨的深處
一根猩紅的刺
橫梗在天空

06.01

# 松尾芭蕉

思想的池塘
松尾芭蕉青蛙
卜咚卜咚的聲響
攪動了月亮的睡眠

無知無慮的時節
即使穿過一片荷葉
也會找到森林的感覺
但池塘月色已隨風而去

水面不再漣漪
青蛙雪白的肚皮
被太陽粗暴地撫摸
最後的死亡遊戲

05.31

# 逝水年華

青春期的石頭
渾身都點得著火
因為太陽招了招手
就不惜把生命炸個粉碎

但在爆炸之前
它把自己扔到水中
無關乎何年水落石出
只是為了測量水的深度

幾十年潮漲潮落過
石頭沉默得只像石頭

06.01

# 哲學問題

門衛老張
每天問三個問題
你是誰
你從哪裡來
你去哪裡
每次都有滿意的回答
原來哲學就這麼簡單

哲學博士去門房
找淘寶寄來的包裡
他買了件名牌風衣
他知道是貼牌的
但價格只是正品的一半
他不怕別人閒話
這年頭哲學按斤賣
真理都可以山寨
何必去浪費那幾個冤枉錢

06.06

# 我的記憶

記不得哪一年趕走了皇帝
皇帝吃剩下的骨頭
招來一群群動物你爭我搶

記不得哪一年土地磕了藥
水稻瘋狂地一個勁兒長
畝產萬斤真的不算稀奇

記不得哪一年建了化工廠
天真的河流穿上了五顏六色
魚兒冒出水面呼吸最後一口空氣

記不得哪一年森林搬到了城裡
鋼筋水泥黑壓壓拔地而起
連鳥兒也找不到回家的方向

記不得哪一年簽了陰陽合同
換了國籍坐上私人飛機

越飛越高一路往西

太多太多的事情
厲害了，我的記憶

06.07

# 客　人

一群陌生的客人
把我的耳朵
做了他們的客房
沒完沒了地爭吵
語言鋒利像一把把刀
割傷了我的耳膜

乘他們解手的功夫
我用摳耳屎的方式
把他們遞解出境
然後關緊耳朵的門
安心睡覺

06.08

# 約

杜甫給李白發了個微信
白哥哥，明晚想約你
家裡有祖傳的杜康
還有兩位侍酒的胡姬
我們一邊喝酒
一邊聊聊朝廷的事
安祿山和楊國忠
兩個都不是什麼好東西
得給皇上擦點兒眼藥
不然大唐早晚得完

一周以後收到李白回信
除了不約兒童
啥時約我都行
喝酒，順便聊聊女人
朝廷的事滾一邊去
大唐亡了還有南唐
南唐沒了有北宋接著
我們瞎操什麼閒心
把酒喝好
把覺睡安穩

別忘了屋頂的茅草要換了
再給弟妹多充點兒話費

杜甫反反覆覆看了
禁不住淚眼盈盈

06.10

# 六月或者土地

六月的土地
從來沒有的寂靜
麥子就這樣默默成熟
連知了也壓低了嗓音

坦克一般的轟鳴
子彈在空中飛
燕子絕命的尖叫
多麼遙遠的事情

土地已不再年輕
它在等待一場大雪
在雪的懷抱裡
事物或許有真正的安寧

06.12

# 一隻唯物主義的蝦

蝦在水裡
相忘於江湖
東遊西蕩
要的是一個痛快

蝦在畫裡
白石用水墨
輕輕地一勾勒
滿紙的精神飽滿

蝦在高壓鍋裡
身體紅了
靈魂也出了竅
就等著主人裝盤

唯物論的觀點
人生如蝦
脊樑雖然柔軟
其實活著都很難

06.13

# 信仰：致一位驢友

噎籲嚱
巍巍乎高哉
陳倉暗渡
楚河已成漢家山
越過金銀灘
攀上九十九盤
終於離峰頂
只差幾步之遠
一個偉大的夢想
就在眼前

無料的盧失蹄
一腳踩空
落萬丈深淵
雷霆千鈞之際
毅然決然
把目光投向左邊
甯左勿右
是天生的性格
活著的唯一信仰
雖死當無憾　　　　　　06.19

# 韭 菜

你以為你是君子蘭
在詩人的筆下
蘭得堅貞蘭得高貴
你以為你是水仙花
那位多情的少年
摟著你柔軟的腰肢
於是你在微風中招搖
你不相信這是幻覺

又到了晚餐時間
雞蛋打好了
還差你新鮮的一割
你幸運沒有連根拔起
等到微風習習而來
下一茬會把你的夢做完

06.22

# 太陽下山：致林達

你說你喜歡
肯明斯的《太陽下山》
但是總不明白
陽光為什麼
是金色蜂群的刺痛
教堂巨大的鐘聲
怎麼會淫蕩又肥胖
我沒有回答你
那天午後的陽光
溫柔得象鳥羽
我的耳朵裡
一直有你銀鈴的迴旋
愛情牽著你我的手
我們跟太陽一起下山

曾經的愛情故事
也許你已經不記得
你推開費尼克斯城的窗戶
看太陽慢慢爬上山崗
你是否想到
磁性鐘聲著了魔

肥胖淫蕩還想渾圓
金色的蜂群刺痛
六月所有事物
都是故鄉的傍晚
太陽正在下山

06.28

# 蒼鷺在緩緩地飛

只有當蒼鷺
緩緩地拍打翅膀
天空才能平靜
湖面也跟著水波不驚
用愚善剪除糾纏吧
收起你的弓箭
收起你的目光
甚至收起你的語言
天空是蒼鷺的舞蹈
自由地升起又落下
而我們只配在地上爬

07.08

# 滬寧克復

突然想起滬寧那邊
北伐的軍隊步步緊逼
滬寧全線淪陷
南方的人提前慶祝
更多的細節
已超出我的記憶容積

倒是滬寧線上
一個慢車才停靠的地方——呂城
就那麼一天的時光
佔據了我太多的記憶體
當然這與歷史無關

07.14

# 坐　禪

正在坐禪
一隻蚊子飛來
停泊在我的腿上
不痛不癢
應該也是來打坐的吧

妻從身旁經過
啪一個巴掌
蚊子香消玉殞
但沒有一點兒血跡

事實證明我的判斷
錯誤的時間加錯誤的地點
但如果沒有那麼多錯誤
還需要坐什麼禪

07.15

# 潑　墨

墨潑紙素
揮灑於濃淡之間
隨形為山為石
得意成風雨雲霧
宛如神附
地道的中國意境

當然還有一種
別樣的潑墨
墨汙四濺
驚起海浪滔天
手法簡單甚至粗暴
卻能直抵人心

07.18

# 骨　折

領導左腿骨折
老王醫生說
最好要以骨補骨
狗骨頭太賤
豬骨頭太蠢
馬骨頭太輕
牛骨頭是不二的選擇

自從補充了牛骨的營養
左腿總有使不完的勁
右腿卻再也趕不上了趟
走起路來搖搖擺擺的
還常常露出破腚

07.22

# 射 擊

端起槍
瞄準
獵物從不遠處
款款而來

扣動板機
目標應聲倒下
黑洞洞槍口
冒出青煙

射擊以後
什麼事都沒發生
因為槍膛裡
沒押子彈

08.02

# 撫　琴

樂天先生撫琴
我聽

七根弦動
把夏天彈進了秋天
中年彈入了夜晚
江湖彈為林泉
飛翔彈成睡眠
最後的幾個散音
淡得已不能再彈
但餘音不絕
月色宛然

先生放手
現在我接著彈
沒有人聽
那就跟秋蟬
一起共鳴
直到大雪來臨

08.07

# 訪南溪

飛鳳嶺上
隱居著南岩古寺
一塊禪字石頭
是一位穿單衣的男人
飄飄兮衣袂
如雲之出岫
如風中旗

不遠有登峰村
在村的高處
看南溪山河大地
那塊禪字石
才下心頭
登峰而不造極
岱宗又如何

08.19寫於普甯池尾

# 打　偏

高爾夫球場
牧師揮杆
連續三次打偏
他忿恨不已
嘴裡吐出汙語髒言
一旁修女羞紅了臉
「褻瀆神明
上帝會懲罰您」
話音落
巨雷轟然而至
牧師應聲倒下

須臾
牧師毛髮未損
修女卻一命嗚呼
牧師禱告
「我的上帝
死的應該是我
為何要雷劈修女」
上帝冷冷回答
「我也打偏」

上帝也免不了失手
還有誰敢說從不打偏

09.01

# 漢代的鳥

關關雎鳩
在河之洲
處處是家
處處是天堂
因為它們的愛情
在詩經裡流淌

漢賦裡的鳥真可憐
千辛萬苦建個鳥巢
偏有皇家喜歡狩獵
雌鳥氣絕
雄鳥帶著兒女
天涯逃亡

鳥無飛
鳥竟飛
飛過蒹葭蒼蒼
怎飛得過地老天荒
盜鳥占巢為王
上林苑又多了個羽林郎

關關雎鳩
從此不在水中央

09.12

# 九　月

收割完七八月
月亮忍不住高高掛起
坐在明式傢俱
讀幾行東林黨人的警句
不成想潑了趙州茶

北方狼煙又起
多爾袞策馬
曠野裡一聲嘶鳴
崇禎帝站在秋天樹下

形勢搖搖晃晃
該下雪了吧

09.17

# 走在平江路上

碎石子街道是舊的
沿街安靜的小河是舊的
柳樹在河中的倒影是舊的
河對面人家斑駁的山牆是舊的
灰濛濛的天空是舊的
說下就下的雨更是舊的

也有新的
比如各式各樣的店鋪
賣奶茶的妹子
南腔北調三三兩兩的遊客
這是以前沒有的
但不會在我的視線裡停留
我只關注那些舊的事物
當然故意做舊的不算

09.21

# 傳　說

傳說中的後羿
射落九個太陽
卻從未把弓箭瞄準月亮
因為那裡住著嫦娥
他曾經愛過的女郎

嫦娥奔月
後羿痛苦，憤怒甚至絕望
但念及她的一絲柔情
復仇之心化為烏有

嫦娥心裡也裝著後羿
所以月亮從來不象
太陽那樣專制暴戾
她總是溫柔清新明朗

人類已經拜訪月球
真希望嫦娥搭乘飛船
也回地球看看
興許白髮的後羿
正在等著她呢　　　　09.25

# 問　路

一位長者問路於我
我用手指指東面
沿這條健康路
向前走幾百米
就是您要去的長樂園

一位少年問路于我
我用手指指南方
沿這條奮鬥大道
一步不停地走到頭
就是你去的輝煌中心

一位操外省口音的問路於我
我也用外省口音回答
你去的地方在西邊
要繞很多彎爬很多坡
具體的路況我也說不清楚

天快黑了
再也沒有問路的人了
十字路口只剩下

孤零零的我
路就在腳下
卻忘了應該怎麼走

09.25

# 惜花辭

古色古香瓷花瓶
真花假花一起放著
真花活著的時候
跟假花沒啥區別
但是時間久了
真花只剩乾癟的軀殼
假花卻如初的鮮豔

都說真假難辨以假亂真
實在是真不勝假假定勝天
一花一世界
花猶如此
人何以堪

09.29

# 寫在一位韓國詩人墓前

山谷幽靜
人跡稀少的地方

你獨自
臥聽夏日蟬鳴
秋天的松濤
臥看春天金達萊
冬天的皚皚雪飄
時間都屬於你
你是這裡唯一的王

但願城市的腳步
沒有打擾到你
三千里華麗江山
不能沒有詩人的一片風光

10.03

# 寒　露

南方日子溫暖
寒露很容易成為夢露
在拒絕咖啡和月光後
倒上兩杯承德露露
一杯屬於節氣
一杯屬於不明不白

季節就是這樣流動的
寒露為霜，夢露留在了夢裡
那兩杯承德露露
還剩下一口沒有飲完

10.08

# 秋天的欄杆

爬上用詩行
搭建的欄杆，眺望
大地山河搖搖晃晃
看的心驚

登臨呼，無人會
空山自有迴響
走幾步就是深秋了
霜葉紅遍
只是欄杆得拆
說是違建
也罷

10.11

# 訪林語堂故居

坐兩小時的高速巴士
到板仔小鎮拜訪你
看你七歲的相片
看你上學的課堂
看門口蟬鳴的老樹
看你望星星的窗
看映照童年清純的龍溪
看時時讓你環顧的山峰
還有那條孤獨的小船
是它載著你去了遠方

漂洋過海
又葉落歸根
腳踏西洋東洋
一心寫宇宙文章
敢自由做自己的膽量
卻中庸地安排生活
優雅閒適和幽默
但言人生不過如此
不過如此
我們的時代

什麼時候真能如此

徘徊你的故居
我們奉一份敬仰
也帶回一份汗顏
且行且珍惜

　　　　　　　10.14

# 買了七斤半書

南門舊書店
精挑細選了八本書
猶豫反覆再三
放回兩本精裝的
（精裝份量重）
十二塊錢一斤
一共七斤半八十四塊

書論斤賣了
思想是否也可以
拍拍腦殼兒
擠出三兩思想
夠不夠今天的晚餐

10.17

# 致威廉一世

我有一間老磨坊
風來過
雨也來過

只有國王沒來過

如果有一天
國王來訪
我將請他進屋
一起品功夫茶
順便聊聊老子的語錄
「太上不知有之
其次親而譽之
其次畏之
其次侮之」

國王喜歡聽
我們舉杯言歡

國王聽不了
則棄我磨坊
騎著青牛去遠行

10.18

註：十八世紀中葉英國首相老威廉・皮特
　　1763 年在國會的一次演講《論英國人
　　個人居家安全的權利》這樣說過：「即
　　使最窮的人，在他的小屋裡也能夠對
　　抗國王的權威。屋子可能很破舊，屋
　　頂可能搖搖欲墜；風可以吹進這所房
　　子，雨可以淋進這所房子，但是國王
　　不能踏進這所房子，他的千軍萬馬也
　　不敢跨過這間破房子的門檻。」後來
　　這段話被濃縮成"風能進，雨能進，國
　　王不能進"這一簡短又耳熟能詳的一
　　句話。

# 假如生活欺騙了你

我的俄羅斯詞典
裡面有普希金
還有萊蒙托夫和葉賽寧
還可以有岡察洛娃
娜塔莎和冬妮婭
如果是十二月黨人
西伯利亞的流放者
他們來也都歡迎
但是決不允許有沙皇
無論是老沙皇還是新沙皇
因為生活已經欺騙了我
我不能再欺騙自己

10.22

# 鋼鐵是怎樣煉成的

鐵水橫流時代
不管你願不願意
都得到熔爐裡
千錘百煉

煉成了是鋼
煉剩的是渣
煉好了是保爾
煉壞了是冬妮婭
而我的少年
老是在幻想
開煉前的冬妮婭
該是張什麼樣的臉

10.25

# 格　桑

他們在說格桑花
是一位藏族姑娘吧
想起在閩南的一個小鎮
遇到的強巴
他說起格桑時
眼神清澈如湖水
很多年了
人在他鄉還好嗎
紮西德勒

10.25

# 登　樓

爬到氣喘
終於登上最高層
大地山河
原本想盡收眼底
卻什麼也沒看著
因為霧霾
還是因為白內障
總有看不見的理由

登高豈止望遠
欲窮千里目
不過是個傳說
前不見古人
後不見來者
與其愴然涕下
不如摘一把浮雲
一晌偷歡

11.03

# 唐　朝

白日依山盡
多麼壯闊
長河落日圓
又無限地氣派
儘管是太陽下山
在大唐人的瞳孔裡
總歸光芒四射，生機盎然

夕陽無限好
但落日終究是落日
雖然華清池水已漲滿
太極宮又新刷了一遍朱漆
帝國的黃昏如約而至
卻難以安放詩人的一床睡眠

11.03

# 雪的期待

寒冷封鎖北國
雪掩埋行跡
連風都停止呼吸
白茫茫遍地
空空如也

南方的三角梅
雨水溫暖
濕潤了樹的身體
透亮的雨滴
澄明如澈

同一片藍天
天氣卻各行其是
太他他的任性隨意
一統江山
人不分南北
氣候也應該統一

讓氣象
相約在冬季

北方雪花大如席
南方多少也得飄些

11.23

# 素食問題

一位素食主義者
面對潮州菜的風景
心從餐桌延伸到田野
一隻腳在左另只腳還在左
步步為營卻也步步驚心
吃違背信仰
不吃又對不住胃口
吃或者不吃
竟然是哈姆雷特的問題

思想被主義姦污得苦
是因為信仰簡潔
還是志摩過於矯情
肉欲者學會修辭
沒人擰你
靈魂照樣有疼的感覺

11.31

# 南澳十四行

太陽血壓持續升高
海的遼闊也無法拯救
南回歸線下的陰影
是唯一的消停
風車的翼停擺
說是在修煉成精
九十天不算漫長
時鐘掛在了分水嶺

從身體裡掏出信仰
與陌生人一起舞蹈
肋骨刻滿銀色的句子
一根根的社會疼痛
中年又一次降息
都是些不靠譜的事情

12.04

註：與姑蘇諸君同游南澳，冬日炎炎，是
　　以為記

# 燈光秀

燈光秀如期而至
入睡的事物再度醒來
形形追逐著色色
攪動了時間的安寧

橋有橋段
山有山的背景
明亮的更明亮
陰影始終是陰影
只有流水堅持沉靜

黑夜曾經給我
一雙黑色的小眼睛
在這有燈光秀的夜晚
其實我什麼也沒看分明

11.31

# 天氣預報

時間擰成麻花
約定的一場小雨
臨時改為飄雪
在雪地裡飲上一杯
是法國 2006 年的紅酒
剩下的就交給多倫多
那邊雪早已忘了鄉愁

太湖的水漏了
但不妨礙漁舟唱晚
刀尖吻上蘋果
被夕陽塗滿了紅色
貴婦戴雙白手套
在這裡找不出象徵
天氣預報又播了一遍
除了下雪還是下雪

12.01

# 徐州旅次

總得去一趟徐州
不是現在，而是從前

火車一路咳嗽
壓著生銹了的肋骨
我的胸有隱約的疼痛
但只要想著
有一雙眼睛在等
在雪地裡
曾經尋找另一隻手套

今天我看到了雪
但不是從前的
南行高鐵疾速
製造了剩餘時間
也製造思想的一段空白
都如雪花一樣飄過

12.05

# 平江路

夜晚潮濕
是真正的平江路
白日的繁華退潮
只剩下雨滴
在石板街道肆意
落葉是擋不住的
燈光也是擋不住的
直到誰家視窗飄出
蔣調的《寶玉夜探》
雨才學會了收斂

冬日的風
沒有了絲綢的柔滑
鳥從南方飛來
尋訪當年的腳印
雨打濕羽毛
音樂的顆粒再度浮起
潮濕的平江路
潮濕的身體
潮濕的眼

12.07

# 晚　舟

紅河谷楓葉冰凍
在有長城圖案的冊頁
老特魯多為了臺詞
隨手翻閱二十年的病歷
雪地裡灰熊相遇退貨了的鵝
簡單的週末生動起來

但心裡總在牽掛
暮色蒼茫裡的孤帆
游走於事物的邊緣
兩條鱸魚碰撞後
一尾魚遺忘了大海
一尾魚上了今晚的菜譜

12.16

# 哲學系統

爛漫是雄辯的
困頓更是雄辯的
爛漫由塞納河來證實
而困頓就是困頓本身

黃岡水流緩慢又沉重
淹沒了最後的心理面積
哲學是一隻殘存的手
摁住記憶與意識的衝動

在嶺外的一間小屋
擺脫了外面強烈的陽光
小心翼翼用詞語構建系統
又讓東風吹成碎片
油燈照看著黃昏的夢
在等待今天的釋夢者嗎

12.19

# 耳　朵

你把聖雷米星夜
用永恆的形式留給了我
於是我聽到
絲柏樹的火苗
在絲絲作響
藍色的波濤
在天空中盡情翻滾

肥胖妖豔的聲音
連阿爾小鎮也不能倖免
惡之花的時代
你摘下一隻耳朵
剩下的一隻
只為星空而留
當我閉上眼睛
耳朵突然明亮起來
那是因為燃燒過的星空
聲音已經安寧

12.20

# 新年獻辭

南方不生產雪
但南方一樣有寒冷

沒有雪的掩蓋
大地裸露自己的身體
綿延的山嶺依舊猙獰
河流的黑猶如傷口的凝血
非主流的花草卻還在信仰
只要活過冬天
就能等到春天的愛情
而那些流落街頭的狗
忘記了返鄉的路
在十字路口打探消息
如果是在北方
即使是江南也行
下一場漫天大雪
不僅僅是天空
世界都是白茫茫一片

哪里還會有是非曲直

南方的新年不下雪
南方有不一樣的寒冷

12.31

# 肆、2019 年

# 老牛破車

我閉了眼睛相信
高鐵再提速幾次
駛離地球就是眼前的事情
所以，我一直堅持
駕著時間那輛老牛破車
在帝國的山水古道穿行

在江東姑孰橫山
我與陶淵明相互寒暄
聊起最近大豆的行情
因為進口了美國的轉基因
老陶說要改種袁隆平

從去夜郎的半道回來
李白與我乘舟同行
他多喝了幾瓶鴻茅藥酒
居然把子美猿的嘯哀
聽成了節日的喜慶

在長江邊的亂石穿空處
說起烏台詩案

蘇東坡仍心有餘悸
寫詩不但要合轍押韻
還要嚴守大宋的政治令律

趕往商州的路上
遇到了開寶馬的溫庭筠
他是專程來看板橋霜的
他在宮廷吹笛第一
還有別墅建在秦嶺

老牛破車顛顛簸簸
眼看著太陽西沉
就這樣一路走到黑
高鐵從身旁呼嘯而過
不知道是去哪個星星

01.13

# 雪落江南

在貧雪的江南
相遇一場雪的盛宴

氣象學的原理
北方才是雪的家
但北方空氣過於緊張
冷熱氣流互不相容
連雪的清白也受質疑
下還是不下都成了問題

與其在半空懸而不決
還不如背井離鄉
於是，在江南溫厚的土地
有一場春天的雪
在肆意地飄灑

02.09

# 那　羅

那羅是渡口的名字
幾十年前
一位年輕的艄公在這兒
讓那些南來北往的人
從此岸抵達彼岸
沒人的時候
還用嘹亮的船歌
來驅趕水面的寂寞

後來，這裡建了一座石橋
渡船被劈了當柴燒
年輕的艄公也變成了
整天吆喝明太魚的老闆
人們在橋上自由自在地往來
漸漸地
也就忘了渡口的存在

直到有一天
一位少女在橋上徘徊良久
最後在橋的中央
縱身跳入激流

人們在惋惜生命的同時
才想起
曾經的渡口
和那飄逝已遠的船歌

02.20 寫於韓國裡裡

# 春天，貓的日子

一碟小魚
加一盆清水
是今天的午餐
然後抖落
鬍鬚上的珍珠
再把懶腰拱成趙州橋

身體平鋪在鐵皮屋頂
那裡無人打擾
眯縫著眼睛
做一回神仙的夢
或者撐住頭腦
作沉思狀

空氣是新鮮的
陽光是新鮮的
連隔壁孩子的哭聲
也是新鮮的
春天的下午真好

如果是這樣

一生中該有多少
幸福的時光

03.14

# 父親的椅子：致卡夫卡

我們一直詛咒那把椅子

每當父親坐在靠背椅上
我們都得匍匐在他跟前
聽他咳嗽和喘氣的聲音
偶爾有不識時務的蒼蠅
在他的眼前晃悠
他暴跳如雷
而我們膽戰心驚

父親走了
那把靠背椅還在
最近又塗了層紅油漆
父親的子孫中間
有人正在覬覦那把椅子

與其再去詛咒椅子
不如現在就準備斧頭

03.25

註：「您坐在您的靠背椅裡主宰著世界」
「在我看來您具有一切暴君所具有的
那種神秘莫測的特徵，他們的權力的
基礎是他們這個人，而不是他們的思
想。」

——卡夫卡《致父親》

# 天亮以前

清晨
鳥兒的叫聲
從四面八方而來

時間還在黑暗中
鳥兒用他們的捲舌音
敍述各自的故事
主題雜亂聲音卻異常飽滿
因為不知道彼此的身份
甚至看不清對方的表情
他們可以自由說話

大地還在沉睡
除了我以外
沒有其他的偷聽者
而我可以發誓
我只是偶然失眠
雖然聽懂了他們的語言
但決不會去效仿猶大
儘管賞金可觀

陽光刺破雲層
鳥兒們心照不宣
一哄而散

04.05

# 如　果

一隻來路不明的花腳蚊
光天化日之下
居然在我的手臂
製造流血事件
毫不遲疑
「啪」一個巴掌
蚊子一命嗚呼
手臂上留下圖案
紅黑白三色相間
線條飄逸

端詳一番
又浮想聯翩
如果是林黛玉的玉臂
如果是畢卡索的巴掌
古典與立體主義
在此一拍即合
可惜事實沒有如果

04.08

# 娜塔莎的手

她是青年突擊手
她的那雙潔白的手
曾經被領袖肥軟的手掌
緊緊地握過

猶如通了電流
兩手止不住地顫抖
她熱淚盈眶
發誓從此不再洗手
在離開這個世界之前
她的手滿是污垢

04.29

# 慕城裡

慕城裡咖啡屋
消費我的下午時光
鄰座的幾位青年
正在興沖沖地
談論五四的事情
我的耳朵突然一亮

但細細聽下去
他們是一群槍迷
說的是五四式手槍
這款槍仿自蘇聯
已經使用了五十年
雖然有時會卡殼
但可靠性侵徹力強
在槍手中很有市場

以前知道勃朗寧和盒子炮
今天又長了見識
看來只要與五四相關
就不會被輕易地遺忘

05.03

# 看什麼看

趴坐窗臺
透過有色玻璃
看外面的光景
世界很大也很小
很近也很遠
看不太明白
也不想看明白
看累了
或者看煩了
就眯縫一會兒眼

今天
我不願做哲學家
也不願做詩人
我願自己
是窗臺上的那條
看風景的狗
真實並且自在

05.16

# 八　佾

一個小小的正卿
敢冒天下之大不韙
八佾舞於庭
是可忍孰不可忍
孔先生生氣
我也生氣
但生氣歸生氣
舞蹈還在進行
六十四位細腰
在打擊樂的引導下
把魯國的歷史
扭成了麻花一樣
而隔壁的桓公
正在說慶父的事情

05.20

# 蟬 聲

立夏已經有些日子了
還沒聽到蟬的聲音
有的說最近忽冷忽熱
氣候還不夠穩定
有的說蟬們吃錯藥了
正集體去看病
還有說一部分蟬不懷好心
商量要搞什麼大事情
（這些都是謠言吧
相信沒有人會相信吧）
但沒了蟬的歌唱
這樣的週末真不得勁

06.01

# 仲夏夜之夢

喝了太多功夫茶
迷迷糊糊入睡
恍惚間
回到青春的故鄉
年輕的故事熱鬧
但沒有主角
也沒有鮮明的主題
一會兒騎在鐘樓塔尖
一會兒倦縮在廣場角落
一會兒開懷大笑
一會兒鬼哭狼嚎
在街頭的夜色裡
聽到螳螂的步伐
從螞蟻的屍體上跨過
又墜落愛情的井底
一股洪流襲來
突然地渾身顫抖
一下子驚醒
原來是憋了一泡尿

時間還早

從洗手間回來
隨手關掉燈
繼續睡覺

06.01

# 死活問題

活著的還活著
死了的早已死了
但只要時光腳步不停
活著的都會
跟著死亡一起微笑

既然沒有永恆
既然殊途同歸
活著不過是暫時
即使富盈天下
即使權尊位高
又有什麼資本
可以向世界炫耀

活著還是不活
其實都不是問題
如果活得自由
如果死得其所
歲月就不會顫抖
大地就不會動搖

06.02

# 信　念

剛打開門
一隻蟑螂撲鼻而來
它嚇著了我
我也嚇到了它
等我冷靜下來
它已經桃之夭夭

我不願意嚇著對方
但也不怕被嚇著
如果真心想嚇我
我一定會奉陪到底
不要說是一隻蟑螂
就是一頭大象
我的立場也是一樣

蟑螂奪路而逃
望著它慌張的背影
我的信念又升了一格

06.06

# 端午祭

清澈的江面上
一位老男人
凝視自己滿目的絕望

天上的浮雲飄過
水裡的魚兒游過
微風在與葦葉遊戲

老男人一口氣
問完一百七十三個問題
吾將上下求索
天不給答案
那就只能在水底

天上浮雲散了
水裡魚兒游遠了
只有微風還在
跟葦葉一起遊戲

06.07

# 馬奔騰

我騎上一匹黑馬
策馬奔騰
槍林彈雨無所畏懼
因為我和馬
都穿了防彈衣

一馬當先
眼看接近敵人陣地
眼看敵人要舉白旗
不料想馬失前蹄
我和馬束手就擒

我發表社論
失敗是因為馬
馬也振振有詞
那是因為路上有坑
路歎了口氣
坑是祖上傳下來的

06.08

# 辯證法

前天在松林寺
被蚊蟲咬了一口
手臂腫了個小饅頭
今晚又被家裡的蚊子咬
除了有點兒癢
其他啥事都沒有

寺廟裡的事物
不一定都有佛性
還是家養的蚊子
多少講點兒溫情
不過站在蚊子的立場
也許評價完全不一樣
不知道這樣的思路
會不會連累到
唯物主義辯證法

06.09

# 空 前

那些喜歡空前的人
似乎忘了
空前了會絕後
但這嚇不倒他們
因為他們已經學會
路易十五的名言
「我死了，
哪管它洪水滔天」

06.11

# 父　親

如果明天打仗
最不情願看
血氣方剛的兒子們
在戰場上相互廝殺
做父親的應該
自己披掛上陣
讓年輕的生命
沐浴和平的陽光

如果戰場上短兵相接
當父親們看到彼此眼神裡
充盈著家的眷戀
也許會放下刀劍
一起聊聊家常
我知道這樣的事情
不可能發生
但還是堅持這麼想

06.18

# 蝙　蝠

慕城裡酒館
乘著酒興盎然
說了一些放肆的話
心情好了許多

但無意間看到
窗楣上趴著一隻蝙蝠
它的眼睛閃著寒光
好像在盯著我

如果是戀愛時節
它會成為我
賣弄才情的話題
現在的我卻早已
膽小如鼠滿腹狐疑
莫名其妙覺得
這是一隻智慧蝙蝠
同飲的老袁寬慰我
還沒到 5G 時代
不要自己嚇著自己

蝙蝠似乎聽懂了
打開翅膀飛出窗外
我們繼續喝酒
沒有再說一句多餘的話

06.25

# 放鶴亭

雲龍山的雪地
鶴漫不經心把腳步
走成梅花的樣子
然後高高飛起
以雪影偷天空的自由

亭子間東坡先生停止飲酒
他聽到遠處流水的聲音
突然想起
該測量一下鶴腳的長度
他擔心鶴陷入南海的深度

雲遊的鶴已經會游泳
雪泥陳跡也開成真正的梅花
東坡先生捋捋嘆詞上的鬍鬚
歸來歸來兮
西山不可以久留

06.30

# 雲

穿褲子的雲
遊蕩在新俄的天空
詩人馬雅可夫斯基
用詩歌的階梯
把雲接引到涅瓦大街

褲子染上春天的桃色
雲格外引人注目
但約瑟夫一個噴嚏
頃刻間化為烏有

在一家包子鋪
我點了一份雲吞
從熱騰騰的霧氣中
我聯想起了雲
和那條新俄的褲子

07.05

# 現象學

事物本來是平躺著的
經歷了語言一番蹂躪
變成了觸目驚心的事件
性感，殘忍或者木訥

快樂修辭
咬破邏輯的堅果
被遺棄的硬核
粘在了北京布鞋鞋底
一路的坑坑窪窪

07.24

# 羊　群

一群集體農莊的羊
在被剪過羊毛後
偶然從古老的羊皮紙上
讀到了家族的歷史

他們紛紛出逃
草原上的草吃完了
又逃到高原
高原上積雪難融
他們索性長起翅膀
飛到天空尋找

藍藍的天上
飄著雪白的羊群
他們悠悠自在
因為沒有虎狼環視
也沒有了統治者的鞭影

08.03

# 鐮 刀

割完了麥子
再割韭菜
割完了一茬
再割二茬
一年四季
鐮刀都沒閑著
直到有一天
割到了自己的手指

08.23

# 紀　念

紀念一朵
永不開放的花朵
紀念一條
從未咆哮的河流
紀念一位
不曾熱戀的愛人
紀念一段
尚未發生的往事

虛無的種子撒落在
沼澤的暗光裡
時間瘋狂地生長
並用肉身築成
無人憑弔的紀念碑

08.24

# 秋　辭

秋日踉蹌
人跡已然板橋霜
歸去來兮
東晉人把菊花聞淡了
獨倚望江樓的晚唐
卻還在糾纏
夕陽西下
帆在暮色裡的蒼茫

沉舟側畔
有多少流水顧惜
兩岸青山
遮得住江晚愁餘否
欄杆無須拍斷
杜甫登高處
只看他山河大地
層林如何盡染

09.23

# 山　中

「松下問童子
言師采藥去
只在此山中
雲深不知處」

是童子
是童子的師傅
還是問童子的路人
這些都無法確定
但抬起頭來
伸手摸得著雲層
我確信
自己此刻就在山中

10.03

# 在秋天，夢囈

我的心曾經是不毛之地
因為一場春天的豪雨
生長出綠油油的一片
羊群是不速之客
他們咀嚼青草
並且與白雲一起舞蹈

秋天來臨
我做了個神奇的夢
夢中有帶血的太陽和鐮刀
還有割了耳朵的梵古
翻遍了所有的詞典
也解析不出其中的隱喻
而夢醒以後
我的心重歸荒蕪
羊群也都逃之夭夭

10.05

# 耳　鳴

手揮五弦
等待魏晉的那只歸鴻
一曲《山居秋暝》
又一曲《船夜援琴》
舉目天空
依舊沒有鴻的蹤影

鴻們聽不懂唐音吧
但《廣陵散》已絕
那就彈一首時代序曲
也許會有奇跡出現

一曲未完
一隻銀色的大鳥
轟隆隆掠過
我耳鳴了三天

10.09

# 蝦

一群活蹦亂跳的蝦
正等著下油鍋
我生出惻隱之心
用手緊緊攫住
不願它們這麼快香消玉殞
油鍋卻等得不耐煩了
嘶嘶催個不停
突然一個洪鐘般的聲音
「鬆開你的手吧
用不著假惺惺
與其被你慢慢捏
還不如油鍋裡死個乾淨」
說完縱身一躍
油鍋冒出縷縷青煙
蝦的身體紅成一片火焰
照亮了我那雙
尋找光明的小眼睛

10.13

# 蝴蝶夢

打算做一個
莊子一樣的蝴蝶夢
專門找許多蝴蝶照片
想許多蝴蝶的事情

夜深
睡眠正常進行
果不其然
一群蝴蝶翩翩而來

一隻青年白蝴蝶
籌畫瀟灑走一回
但高牆大院銅牆鐵壁
只能望牆而興歎
另一隻中年花蝴蝶
打了雞血一般
嚷嚷著要君臨天下
還有……

夢醒
恍然有所悟

我是我
蝴蝶是蝴蝶
吾喪我
吾才是蝴蝶

10.16

# 秋之末日

好色的秋天
借著天高雲淡
把五彩繽紛攬入懷間
璀璨的萬物
秀著季節生動
但南邊一瓣雲
西邊一趟風
東邊一陣雨
還有北方一場霜
秋天一陣寒顫
禁不住打了個趔趄
伊知道伊的夢伊的珍愛
都已經黃了

10.21

# 登 高

因緣際會
登上世間高峰
便以為是神仙豪傑
從此可隨意
燃燒歲月指點江山
禁不住吟起老杜金句
會當凌絕頂
一覽眾山小
鳥瞰大地蒼茫
心中生出無限豪邁
但習習微風
送來一個聲音
又恐瓊樓玉宇
高處不勝寒
一下子萬丈氣焰
只剩遊絲幾息
東坡爺啊
你總是那麼不合時宜

10.23

# 背　影

沿著斜陽古道
一直向前走
懶散的陽光
拉長了我的影子
我不能確定
那雙眼睛是否
還在測量著我的背影
但我不會回頭
即使回頭
也看不到自己的背影
我只能禹禹前行
一路走到山窮水盡處
在暮色降臨之前
哪怕雲已啟程
我也想看看雲的背影

10.25

# 小刀手

正準備收攤
匆匆來了一位婦女
說要割五元錢豬肉
一種鄙夷與一種哀求
兩種目光短兵相接

「大哥你行行好
孩子已三月不知肉味」
小刀手心裡一怔
突然有一種衝動
隨手把半隻豬腿
扔進了婦女的籃裡
忘著她遠去的背影
他的心裡開始隱隱作痛

10.26

# 天　空

鯤鵬展翅
飛出六極之外
我唯一擔心的
會不會把天空帶走
因為早就聽說
世上無仲尼
萬古如長夜
仲尼已去
如果再失去天空
到哪裡去懷抱長風明月

10.30

# 聽 樂

自從仲尼先生
在齊國聽了《韶》
每日必割束脩一條
用先前的觚獨飲
手舞之足蹈之
竟三月不知肉味
不圖為樂至之於斯也

我今仿效先聖
聽《文王操》曲
可惜三月不知肉味
只一杯濁酒
恍惚有夢
白蝴蝶斷翅
黑豬都上了樹梢

10.31

# 菜市場

在為民菜市場
聽到一片吵罵聲
一位滿頭銀髮的老太
順手牽走了一塊豬肉
被檔主抓了個現行
要送她去派出所

觸到她哀憐的目光
我的心太軟
止不住小步向前
「她是我的長輩
今天我買單
您高抬貴手
讓她把肉拿走」

望著老太彎彎扭扭的背影
突然想起古代聖賢
一句意味深長的話
「人民可以三月不聽音樂
但不能不知肉味」

11.22

# 崇　拜

這個世界上
值得崇拜的事物很多
比如天馬行走的天空
年年生長莊稼的土地
即使是故鄉的那條小河
她曾滋潤了我的童年
在我心裡
永遠是神一樣的存在
而那些遠去的舊神
比如耶穌基督
又比如孔子聖人
我一概不崇拜
但會真心敬重他們
至於那些新造的大神
不管是慈眉善目
還是殺氣騰騰
我都不會多看一眼

11.23

# 蟋　蟀

我的耳朵裡
住著一隻蟋蟀
不是四川鄉下的那只
不曾在《詩經》裡出現
也沒有在唐詩宋詞裡唱曲
蟋蟀的聲音帶著血絲
嘶啞而又蒼涼
她不絮說鄉愁
也不傾吐愛情
如果有相同的聲音
百年前的人也許聽過
她在我的耳朵
已經住了幾個季節
現在已經是冬天了
也許一場大雪
會將聲音掩埋
但只要活著
她就會繼續唱歌

11.28

註：最近耳鳴，老是有蟋蟀聲，以詩記之。

# 青　蛙

古池呀
青蛙跳入水聲響
松尾芭蕉聽到撲通的聲音
我也聽到了
不過我聽到的是
另外一隻

12.02

# 魚之飛

一條魚
因為夢想
決起而飛
在天空
依然保持遊姿
大鵬笑之
沒翅膀
如何逍遙於天
魚不語
蘇子點贊
不翼而飛
此乃真神遊也

12.04

# 夜　奔

夜已深
雪下得更緊
他的槍尖
挑著酒葫蘆
或者仇人的頭顱
踉踉蹌蹌地
一路向南
那裡有柴門犬吠

想像自己是豹子頭
但在白熾燈的提示下
豪情頓失
把身體放緩
熱水裡加一把紅枸杞
慰勞那雙香港腳
一陣奇味襲來
忍不住溢出敏感詞來
無奈潑洗腳水
順手把燈火遮罩
得一夜安詳

12.05

# 鼠媽的教導

鼠媽帶孩子們出遊
路遇一隻白貓一隻黑貓
兩貓緊追不捨
群鼠驚慌逃跑
終於找到一洞躲藏
兩貓守在洞口
鼠孩兒們瑟瑟發抖
鼠媽媽急中生智
汪汪汪幾聲犬吠
兩貓聽得無趣
悻悻然轉身而去
鼠媽媽鬆了口氣
語重心長教導孩子
還是卡爾同志說得好
外語是人生鬥爭的一種武器

12.13

# 琴

豎琴或者樹琴
都不是問題
樹可以長成琴的樣子
琴也可以變身為一棵樹
吹萬不同
都是中國好聲音

彈豎琴的少女去了珠海
那裡還有一架橫琴
橫豎都可以彈
只要你願意聽
而漁村的那棵琴樹
他想休息
但樹欲靜而風不止
嘩嘩的嘩嘩的
是琴的眼淚在飛

12.24.

注：《莊子·齊物論》：「夫吹萬不同，而
　　使其自己也。」成玄英疏：「風唯一
　　體，竅則萬殊。」吹，指風而言；萬，
　　萬竅。謂風吹萬竅，發出各種音響。

# 抽　風

暮色蒼茫裡
片山君在抽煙
柳泉居士也在抽煙
我在一旁靜靜看著

年輕的時候
其實也抽過煙
但有人說我抽煙模樣很醜
一賭氣就不抽了

現在看他們抽煙
很享受的樣子
真的也想抽點兒什麼
正好一陣風過來
管它是東北風西北風
就順嘴抽一口吧

12.25

# 做　夢

據說仲尼夢周公
禮征樂伐八面威風
而我夢仲尼
不過是一條
周遊列國的喪家犬
壯懷激烈的時代
連個夢都做不好
情何以堪

今天碰到老袁
他也夢到仲尼了
說帶著一幫童子
去沂水洗澡
原來春江水暖
孔子才是真先知

人人都做夢
差距怎麼這麼遠
瞧著快到新年
得好好努力

做一個厲害的夢
給全世界看看

12.30

# 伍、2020 年

# 白塔寺

清晨
灰知更鳥的叫聲
引領我穿越山的蜿蜒
一路向上
山路的盡頭
一座古寺
正等著我的造訪
哦，白塔寺
在晨曦與清風中
我與古寺 side by side
放眼遠處雲霧的繚繞
白塔寺很安靜
我也很安靜
我和白塔寺
雖然高高在上
卻沒有一覽眾山小的心情

01.15

# 一條魚的前世今生

我是一條魚，
在歷史的江湖裡，
偶爾吐幾個水泡，
做一下深呼吸。
這是魚之樂？
還是莊子之樂？
莊子不語，
只是捋了捋鬍鬚。

聰明的惠子，
已經撒好，
魏國產的「天羅地」網，
只等我浮出水面。
「今晚的宴席，
剁椒魚頭，
主角就是你。」

03.27

# 寫給三月的某一天

人群湧向
不願被提起的地方

冰冷的空氣
冰冷的大廳
冰冷的花和草
冰冷的手
冰冷的目光
連呼吸都是冰冷的
他們組織起三月
冰冷的事實

天陰沉著臉
沒有掉下眼淚
因為不忍心淚水
澆滅冰冷人群
心中最後的火苗

03.29

# 牙

非常時期
貼近中央的那顆
居然立場不穩
搖晃得厲害
牙床上風雲變幻

別無選擇
拔牙的過程
痛並快樂著
而留下的缺口
突然想起了
孟德爾松和他的
降 B 大調第二

換上烤瓷牙
那白色的瓷
混合著晚清異味
是假的不假
但照樣能咬緊牙關

04.17

# 名　字

如果有一天
牛、馬、豬、羊
都擁有了自己的名字
比如叫牛大明、馬愛軍
又比如叫豬小紅、羊春晚
是否我們就不忍心
任意驅使宰割它們
如果有一天
我們都喪失了自己的名字
是否也會
跟它們一樣的命運

04.20

# 勞動節的石頭

小時候的五一
隨意拋一粒石子
漾出圈圈漣漪
長大了的五一
用心扔一枚石塊
激蕩層層浪花
今天又是五一
仗著一股狼勁
搬起勞動節的石頭
卻偏偏砸了自己的腳
石頭肯定是無辜的
但腳的痛及附加稅
該找誰清算

05.01

# 風暴頌

肉眼看得見的風暴，
不是真正的風暴，
即使它山呼海嘯，
摧城拔寨的瘋狂，
卻奈何不了一株小草。
真正的風暴，
只在人心中孕育。

大道如淵，
閃電的光芒，
刺激動著大地的黑暗，
發飆的雷聲，
連神靈都不住地震顫。

莎士比亞《暴風雨》：
凡是過往，皆為序章。
現在，大幕拉開，
心靈的舞臺中央，
風暴已經出場。

05.22

# 死　水

無論是清風吹起漪淪
還是鷗鷺掠起水波
或者是扔一塊石頭
激起一些生活的浪花
那一潭清泉
總是生機蕩漾
但自從有了攔河大壩
河道改向
浪花被無辜絞殺
就只剩下
這一潭絕望的死水
無人張望

05.03

# 青年節與空心菜的
# 靈魂對話

青年節
乘著年輕人
去火燒趙家樓的功夫
我與兩塊錢一把的空心菜
進行了一場靈魂對話
我聊《一九八四》
聊小妮詩中的喜鵲
聊屠格涅夫與獵人日記
聊著聊著
只剩一聲歎息
空心菜只說了一句
你瞎操什麼心
想想也是
抱素見空
才有靈魂的棲居

05.04

# 天不變

天不變
該下雨下雨
該出太陽出太陽
大地有變
山不是從前的山
水不是從前的水
人們忙著給大地挖坑
種出高樓萬丈
還給自己的心靈挖坑
撒播欲望和夢想
收穫的卻是一片荒涼

05.11

# 南澳的淚水

如果淚水能分泌愛情
那一定屬於古典
現在是淚水的化學時代
從那些分子的化合物中
匆匆忙忙的人民
在提取立場和夢想
然而莫斯科不相信眼淚以後
信仰呈遞減趨勢
意識形態遭遇分解
淚水按噸計算並拍賣

但今天
在南澳的一個小漁村
我被一個後浪的淚水逼視
沒有任何閃爍
他淚水中的骨頭
如一把利劍
直接讓前浪死在沙灘

05.26

# 端午節


端午臨淵
不是為了抓魚
也不是為了投江
腳步所至
都是風的牽引

看不見魚兒游
看不見那個人的影子
魚兒應該是有的
那個人應該是真的
魚兒記得子休
那個人至少一年提起一次

波平如鏡
雲兒在水中尋夢
對岸漁村
龍舟開始入水
潮流的湧動
突然想起
伍子胥吹簫也那乞丐

不如歸去
吃兩隻紅豆粽子

06.25

# 一九八四年的貓

吃完貓糧
躬一下腰
照例跳上窗臺
默默地眺望遠方
這讓我想起
一九八四年的那只貓
逮鼠，爬樹
在小水溝裡候魚
跟村子裡的母貓調情做愛
一晌貪歡

手機突然響了
回憶中斷
再瞅一眼窗臺
貓也沒了去向

07.23

# 梔子花

是梔子花開的季節
梔子花來白蘭花
夜行的叫賣聲
少了些碎石街頭
高低不平的腳步背景
即使有糯軟的拖腔
也不過增添了夜的冗長
但梔子花開六瓣頭
那一瓣一瓣的細節
多少年來
卻一直如數家珍

08.01

# 饒平故事

一支人馬
乘著月色的疲憊抵達
又在星輝斑斕裡消遁
冰涼的敍述
讓省尾一直是省尾
但土地已經耐不住沉寂
敍事的熱力學破土而出
事實與虛構
不需要太多的分辨
歷史也曾經是
一位時裝女郎的秀場

07.18

# 觀　魚

莊子觀魚
我也觀魚
莊子看到了魚的快樂
我看見魚的悲哀
莊子看的是活魚
我看的魚已經翻白眼
莊子跟惠子有說有笑
觀之在濠的橋上
我獨自在江下淺灘
距一家化工廠不遠
聽說最近廠子出了點故事
我得乘著天色尚明
趕緊離開這裡

07.20

# 無人機

我的心臟雷達
已經探測到
無人機在萬米高空
我不是蘇萊曼尼
沒有慌張的理由
依舊不緊不慢
走那條老路

同行的老段
遞給我一棵煙
可惜我不會抽煙
如果會
一定抽頂級的九五至尊
（據說是故鄉出品）
順便給夜色燙一個窟窿
那可是真正的無底洞

無人機無影無蹤
也許根本沒有來過
也許已掉入無底洞

08.02

# 綿 羊

一群綿羊
被驅趕進歷史的死胡同

河邊的會議在快馬加鞭
薅羊毛是必須的
羊肉的分配也提上議程

擁擠著的羊群
它們在靜候佳音
即使柵欄塌了個缺口
也不會有非分之想

羊群守貞如玉
它們呼應著遠古的回聲
羊性不是一天煉成的

08.16

# 椅子和貓

這把木椅
是前朝的遺物
木頭堅硬
但也經不住時光侵蝕
已經散架多次

現在，五叔成了族裡首富
他看中了椅子的年代
加了幾根鋼條
堅固如初

椅子安坐廳堂中心
威風八面
屋子裡所有的傢俱
都唯唯諾諾

一隻年輕的公貓
在午後陽光的陰影裡
盤踞在椅子中央
做起了春秋大夢

08.18

# 歷　史

在祖傳的龍椅上
我正襟危坐
椅子格格作響
我感覺到了
椅子裡的木頭
木頭裡的樹
樹裡面的種子
種子裡面的陽光，水和土壤
活活的一段椅子的成長簡史
但當我的目光落在
不遠處一位清純少女
她坐在瓦西裡椅子上
一副悠閒自在
椅子的歷史突然崩潰
時間抽身而去

08.21

# 關於鴨子

淺水灘一畝三分地
曾經的鴨子天堂
鴨子們生產之餘
拔拉鴨掌跳集體舞
伸長脖子唱懷舊歌
然後在睡眠中
夢想天空的遼遠

青山需要綠水
養鴨場改造成濕地公園
瘋狂彌漫的草叢
掩埋了鴨子所有的痕跡
因為重量級人物光臨
蘆葦緊張得左右搖擺
遊人的步伐也失去了自然

只有水面上的野鴨
一如既往地神定氣閑
雖然不能展翅圖南
但決起而飛隨意控地
也是一種逍遙的境界

而那些曾經幸福的鴨子
縱有美麗的翅膀
卻只能撲騰幾下
最終都做了潮州人的下酒菜

08.27

# 東風破

日照香爐生紫煙
香爐獨立
紫煙隨之起舞
盛唐陽光真的毒
一不留神
西域人的駱駝
就被牽到了長安

一枚東風穿梭而來
飲酒的詩人
說不出是痛還是快
余秀華已跨過大半個中國
白日刪盡
月湧還是大江流

08.29

# 油燈以及算盤

一盞豆油燈
在一群白熾燈環伺下
依舊傲然吐露著
暗紅色的火苗
千年不絕的油煙味
繚繞了一代又一代
那些只需些許的光亮
就能蓬勃向上的事物

一把古舊的算盤
和一台計算器
同時在測算光的亮度和品格
它們各有所獲
但算盤撥拉了幾粒
就匆忙地宣佈
由於年代久遠
味道獨特又節省能源
油燈才是光明的最佳選擇

09.05

# 白　露

解開秋天的第一粒扣子
想像突然停頓下來
那只拉過二胡的手
不住地在抖音
好像觸摸到
事物的某些奧秘
國破山河在
城春草木深

典型的季節倒錯
歷史在原地打了個滾
又穿上雲做的衣裳
秋風閉口不言
只待白露為霜
看無邊落木蕭蕭下

09.07

# 鋼琴上的貓

貓趴在鋼琴上
在回憶鋼琴肚子裡的聲音
無論是 G 大調還是 C 小調
它都覺得美妙
但演奏的人已經走遠
貓禁不住技癢

打開琴蓋
按下毛絨絨的手掌
有人說這是亂彈琴
但只要習慣了
即使不靠譜
也有可能是驚世神曲

閒而時聽之
不亦樂乎

09.11

# 貓

一隻色雜斑駁的貓
突然間拔地而起
它的目光堅定
沾血的爪子鋒利
浸透著歷史的冷酷與殘忍
它把撕裂的事物反覆撕裂
這是遊戲習慣
也是它的本質所在
耗子們配合行動
束束追光
打在他們驚喜又狂恐的臉上
山呼以後
院子裡寂靜無聲
只有隔壁的金毛犬在吠
狗也想拿耗子
關你什麼事

09.19

# 牧　野

西伯的鼓點
敲亮了渭水的春天
歲在鶉火
牧野洋洋
從甲骨文裡摳出一堆硬詞
也無法修飾百克的軟
抖音的抖與快手的快
風馬牛並不總是不相及

太陽已經偏西
海邊的人開始收拾漁網
朝歌其南
朝歌其北
歌者絕塵而去
野豌豆苗價格看漲

09.28

# 至暗時刻

九月以後一定是十月
邏輯上是如此
可惜，十月革命的炮聲
已經轉移到了
亞美尼亞和阿塞拜疆
看看，躲在戰壕裡的年輕的士兵
他們的哭泣無法阻擋
無人機的轟鳴
火光裡的血肉橫飛
才是真正的至暗時刻
兩國的首腦
趕緊把兒子送到戰場
如果沒有兒子
那就自己赤膊上陣
死者為大
我一定給你燒三柱香

10.03

# 紅蘋果

龍門客棧
劍客們刀尖蘸酒
在剩山殘水間遊弋
薄暮一樣的迷茫
在冬季來臨以前
釋放兵器最後的冰涼
而門楣上掛著的紅辣椒
一頓爆炒之後
改編了朝代的味道
劍客們紛紛退場

歲月如箭
刺刀焠煉成水果刀
革命被收入了副詞
在切開的紅蘋果的囊中
白色的蟲露出半個頭來
想看看外面的風光
西風已凋碧樹否

10.04

# 工夫茶

想去北冥
去釣莊子說的那種魚
釣了老半天
只釣到一點兒空氣
乘著餘興
乾脆回家
看南冥怒濤
在工夫茶盅裡
能掀起多大的事情
鼎沸過後
不過是茶過三巡
又都重歸風平浪靜

10.18

# 西門豹

西門豹
說的是西門官人
還是里爾克的那頭
目光昏眩的豹

西門在會所
或者在常務會上
一以貫之的神情堅定
就象豹盯著遼闊草原
遷徙的羊群
而現實中的豹
咽回歷史的口水
它的腳步
在柵欄投影的迴圈裡
消費著落日時光

西門豹
如今搖身一變
電競圈最炫的 LOGO
在力量和野性的鍵盤上
摁下浪漫主義的最後高蹈　　10.24

# 昌黎先生

天街如酥的小雨
照樣弄濕了侍郎的詩箋

千篇一律的木魚聲中
大唐紅日偏西
長安城裡彌漫著
蕭殺之氣
乘月色尚明
大雪封疆以前
一匹馬從藍關
奔逸而出
一直向東南

八千里路和八個月
只是為了一紙證明
只有在潮水出沒的地方
才能容下憤怒與傷感
溺水的道
也才得以打撈上岸

11.02

# 夢

夢的時代
我欲夢中為馬
扶搖九萬里之上
只為追逐那朵最美麗的雲
但無數回的夢
在雲層裡翻江倒海
卻不見馬的蹤影

無論是西風瘦馬
還是天馬行空
我的命運
註定與馬無緣
確幸的是
有一朵瑞雲告訴我
在青崖間
有白鹿安放
雖不能一騎絕塵
只要不指鹿為馬
照樣可以悠哉悠哉
行遍天涯

11.13

# 醉翁亭

即使今晚無雪
也要喝上一杯

要喝
一定要去醉翁亭
自從太守開了那壺
似醉非醉的陳釀
一千年來
無夢的有了夢
夢著的醒了夢
在這環滁皆山
四面迎風的醉翁亭
醉與不醉
喝的都是一個通透
而樞密院的參政知事
徹夜等著天子的御批
縱然有紅袖添酒
也早已涼了半截

喝酒
就去醉翁亭　　　　11.22，今日小雪

# 懷念詩人老木

老木走了
他走得匆忙
他的面前
分明是一片開闊地
可以且歌且舞
款款而行
他走得及時
自從他詩的刀鋒
砍斫了時間以後
整個世界
就再沒有新鮮的事物

老木走了
帶走了他的舊日子
以及站在懸崖上的傳統
我們懷念他
也是在懷念自己
當詩歌的刀鋒
被收藏和陳列以後
不要指望
有人來懷念我們　　　　　11.28

# 摩　擦

物體與物體的
緊密接觸相互移動
形成了摩擦
世上有各種各樣的摩擦
比如石頭與石頭
鋼鐵與鋼鐵
或者兩具肉體的摩擦
但都在我的視野之外
我只關心
雪與大地的摩擦
大地敞開了胸懷
接納每一片雪花
雪花用輕柔
按摩大地的肌膚
不會留下任何一道傷口
待到陽光明媚
春風吹暖
大地的摩擦了無痕跡
他又在在等待
明年的雪花

12.15

# 詩人的砧板

一位享譽時代的老詩人
把自家的木頭砧板
寫進了詩裡
從此以後
來訪問的客人
都要去他家廚房
向那塊砧板
行詩歌的注目禮

現在，砧板孤零零地
掛在廚房最顯眼的地方
一塵不染
早已沒有了生活的痕跡
而代替它工作的
一塊白的塑膠砧板
還不時散發著南京板鴨的餘味

12.29

# 後　記

　　上世紀的八十年代，正是青春風華時節，在荷爾蒙與理想主義精神的雙重發酵下，成為一個詩人曾是我最重要的夢想。但時過境遷，脫離校園進入社會，頭頂上的天空是更為廣闊了，夢卻越來越稀薄。奔波於南北，遊蕩於海內外，詩歌與我是漸行漸遠。未料到的是，知天命之年之後，詩歌女神居然再度光臨。不過，與以前相比，我已不再以做詩人為目標，以寫詩為榮耀。繼續寫詩，是因為詩是我生活的一種方式，是生活內容的一個部分。我不太關注外面的詩歌世界，也很少參加與詩歌有關的活動。我的寫作大多是閉門造車，寫好的作品也無意在刊物上發表，只是配上一些與詩意相符的圖片，掛在微信的朋友圈和新浪微博，而朋友們的點讚或批評，便是對我寫作的最大獎賞。這樣的寫作狀態，使我可以擺脫外在的誘惑和負擔，時時聽從於內心召喚。這當然是由於自己的生存境遇和人生觀念所致，但也得感謝這個時代，是智慧手機開啟了寫作新的可能。詩意襲來，不必要去準備紙和筆，隨時可以在手機螢幕上寫和改；也不需要投稿，去忍受審稿的冷眼和無聊的等待。昔黃遵憲有「我手寫我口」之宣導，而現在「我的寫作我做主」，儘管

無形的限制無處不在，但比之過往，這份難得的寫作自由，還是讓我有幸運之感。

　　詩是什麼？為何寫詩？看似平常的問題，因為各人的境遇與理念不同，會生發出各種各樣的答案。在我看來，以工具為標誌的文明進程，已經進入到智慧時代，韋伯所說的「為世界除魅」已成為普遍的現實。技術不僅統治了我們的身體，也佔據了我們的心靈，古典時代的神性、詩性，在大數據的大分析計算面前支離破碎，乃至灰飛煙滅。我們一方面享受著身體充盈上升的快樂，但同時也忍受著心靈萎縮下沉的悲哀，社會與個體的分裂以及個體自身內部的分裂，已經成為一種無可避免的生存困境。從古典美學的角度而言，詩歌藝術確實已經終結，但從感性生命的需要來說，詩歌在抵禦技術的全面統治方面，總會給我們帶來意外的收穫。當現實人生被條分縷析後，生存變得枯萎窒息，而詩的注入猶如清泉和新鮮的空氣，會使生命重歸生機。如席勒說的，詩歌不能現實地救濟悲慘的人生，也不能改變社會的體制，但在賦予心靈自由方面，卻是一條有效的途徑。至少於我確乎如此。

　　這麼多年來，我一直保持著旺盛的詩歌寫作狀態，但卻沒有結集出版的念頭。幾年前，我教過的幾位學生在臨畢業時送我一件禮物，他們將我數年來發在微信朋友圈裡的詩列印成一冊《隨想錄》的詩集，這算是我的處女詩集，也是真正的海內孤本。年前，我的大學同窗、復旦大學中文系的欒梅健教授，熱心鼓動並推介我出版詩集。拖遝了好幾個月，

終於把最近五年來寫的詩作按年度順序，編輯成了
一本詩集。新時期文學最具影響力的作家之一、《傷
痕》的作者盧新華老師一直是我敬仰的人物，他對
我的寫作多有關注和鼓勵，這次專門給我題寫了《空
白》的書名。福建師大的陳培浩博士是近幾年勢頭
正勁的文學批評界新銳，他在繁忙的文學批評寫作
和文學活動組織之餘，抽出時間趕寫了〈詩人與段
子手〉這篇不一樣的序言。我和他曾同事十多年，
雖然有年齡和經歷的差異，但我們之間的交流卻一
直很順暢，他的序言讓我更清楚地看到了詩和自
己。這次詩集的出版，特別致謝欒梅健、盧新華和
陳培浩三位！當然也要感謝平時各位朋友的熱誠關
愛和鼓勵！而詩集的刊發，要直面讀者的目光，心
中頗多惶恐，但不管如何，讀者諸君的批評與指教，
會成為我不斷提升自己詩藝的動力。是以為記。

2021.05.18